自分史の書き方

立花　隆

講談社学術文庫

はじめに——自分史を書くということ

本書は、立教大学に２００８年に生まれた、シニア世代向けの独特のコース（入学資格50歳以上）、『立教セカンドステージ大学（ＲＳＳＣ）』で開講した「現代史の中の自分史」という授業の実践の記録である。

これは「自分史の書き方」の講義だが、単なる講義ではない。講義で話したことをそのまま実践させる、つまり「自分史を実際に書かせる」ことを主目的とする授業だった。この記録は、随所に学生たちが実際に書いた「自分史」を実例として挿入した。読めばわかるが、これがみんなたいへん面白い。

はじめからそれだけの書き手がそろっていたというわけではない。はじめはハシにもボウにもかからぬような作品が大部分だった。それがみんなあっという間に腕を上げていったのである。

はじめ、この授業をどのように展開するつもりだったか、受講生に事前に配付した

「シラバス（授業内容紹介）」には、次のように書いておいた。

これは実践的な授業である。目標は、各自が、自分史を書き上げることに置く。それも単なるプライベートな身辺雑記的自分史ではなく、同時代史の流れの中に、自分を置いて見る、「自分史＋同時代史」としたい。

セカンドステージのデザインになにより必要なのは、自分のファーストステージをしっかりと見つめ直すことである。* そのために最良の方法は、自分史を書くことだ。

どの程度の自分史とするか。目標は日本経済新聞の「私の履歴書」あたりに置く。「私の履歴書」は1日およそ400字詰原稿用紙3枚から3・5枚が30回続き、全部で、100枚程度で終わる。この程度の自分史は、正しい手順に従って少しずつ書いていけば誰でも書ける。

その手順を教える。代表的な「私の履歴書」の構造分析から始める。次に各自の自分史年表と同時代史年表を書く。

この授業では、各自がそれまでに書いてきたものを、相互に読み合い、批評し合うことを随時行うから、恥ずかしいなどの理由でそれができない者は、はじめからこの授業をとらないこと。

右の＊印を付けたくだりは、立教セカンドステージ大学の基本コンセプトをふまえて書かれた文章だから、それについて一言しておく。

開講当時、一般社会のリタイア年齢（定年↓年金生活）は、60歳だった。しかし、日本人の平均寿命が男性79歳、女性86歳まで延びている現在（2013年時点）、60歳はリタイア年齢としてちょっと早すぎる。むしろ、60歳は人生の中間地点ぐらいに考え、「そこから、人生のセカンドステージがスタートする再出発地点だと考えるべきだ」、というのが、このコースの発想の原点だった。

だが再出発してどこに向かうべきなのか。いま自分たちの未来にはどんな可能性が横たわっているのか。日本は、世界は、これからどうなっていくのか。そして、自分たちはいま何をなすべきなのか。

このような「中間再出発地点」に立ったときに、なすべきことは、「過去（自分と社会の両面。日本と世界の両面）を総括する中締めと、いま自分たちが立っている地点を再確認すること」ではないか。そして「未来の可能性を展望すること」ではないか。

そのために必要なのは、じっくり考えることと学び直すことだ。そのような学びに最適の場は大学だ。そこには人生の学び直しのためのあらゆるインフラ（講座、教師、学び仲間、学び舎）がそろっている。こういう発想に立って開講されたのが「セカンドステージ大学」だった。

だから、コースの重要な一環として、「自分史を書かせる授業があるべきだろう」ということになった。自分史を書かせる講座が作られ、わたしがそれを担当することになった。

現代史の中に自分の人生を重ねる

ここで、授業のタイトルになぜ「現代史の中の」という枕詞が付いていたのかについて一言しておく。

それはこれから書こうとしている自分史を、単なる、自分という人間の「メーキング・オブ」にせず、自分が生きた時代がどういう時代であったのかを意識しつつ書いてもらいたい、と思ったということである。

「自分という人間」と、「自分が生きた時代」というものが不即不離の関係にあるということをなにかにつけて意識してもらいたいということだ。

といって、それはあくまで「そういう意識をもて」ということであって、自分史の中に時代論的な要素をなにか具体的に入れるよう指導したということではない。

自分史とは自分の歴史をふり返ることに他ならないが、そのとき、具体的な同時代史を手がかりにするといいんだよ、という程度の示唆でもあった。

人間の記憶は連想記憶方式になっているから、ちょっとでも手がかりがあると記憶はすぐによみがえってくる。最良の手がかりは、そのときどきに起きた大きな社会的事件である。東京オリンピックのとき、自分はどこでどうしていたとか、田中角栄逮捕のニュースはどこで聞いたとか、オウムの地下鉄サリン事件のときはどこにいたといった、それぞれの時代の耳目を聳動(しょうどう)せしめた大事件を手がかりにすると、誰でもいろんな記憶を呼びさますことができる。そこで、受講生に、自分史を書く上で最初にさせた作業は、「自分史年表」を書くことだった。その年表には必ず時代背景を別枠で入れさせた（これについてはあとで詳しく書く）。

その他に授業の中で「現代史の中の」という要素をどう入れていったかというと、まず自分の生きてきた時代の概略を知ってもらうために、最初の授業で現代日本史の概論をババッと一挙語りした。その頃わたしは、ちょうど『天皇と東大——大日本帝国の生と死』という日本の近現代史全体をながめ直す長大な作品を7年がかりで書き終えたばかりのところだった。この本は、なぜ日本があのような戦争をはじめ、ついには事実上国を滅ぼすようなところまでいってしまったのかというところに焦点をあてて書いた本である。ところが団塊の世代が主流をなす受講生たちの大部分が、そのあたりのことにほとんど無知だということが開講してすぐにわかった（学校教育では、そのあたりがポカンと抜けていたし、実人生においても、戦後生まれが多い受講生には、戦争時代のことを具体的に知る機会がなかった人が多かった）。そこで、授業の中でそのあたりのことを意識的に言及するようにした。

また毎回、受講生の書いたものを講評していく中でも、歴史的時代背景にまつわる話を折にふれては入れていった。

「現代史の中の」のほうは、やったといってもその程度のことであるから、あくまで副次的目的にすぎない。主目的はあくまで自分史を書くことである。ただ世代的に、受講生の中心は団塊の世代であったから、「現代史の中の」的な要素が、自然に各人の個人史の中に出てきた。団塊の世代が生まれたのは、戦争直後であっても、多くの人が肉親の中に戦争犠牲者をかかえていたし、何人かは、本人が戦争遺児（父親が出征前に遺した子供。父親はそのまま戦争で死んだ）だった。広島で、母親の胎内で被爆したという人も一人いた。団塊の世代はいわゆる戦無派ではあるが、親の体験をとおして、戦争を身近なものとして感じとっていた世代でもあった。

それに団塊の世代は、同時に全共闘世代だったということもあり、何人かはあの時代の政治闘争の経験者であり、それだけに現代史にひとかたならぬ興味をもっていた。また団塊の世代は、高度成長期日本の実質的支え手でもあった。子供のときは貧しい国家の貧しい国民の一人だったが、日本の経済が急速に勃興するにつれて、生活がどんどん豊かになり、日本はアッという間にアメリカに次ぐ経済大国になった。経済的にアメリカを脅かす存在になり、貿易摩擦問題が頻発するようにもなった。そういう中で、かなり多くの人が海外で活動するようになったりもした。自分史がそのあたりに及ぶようになると、受講生たちの自分史を読んでいくだけで、高度成長期日本の経済的発展史の集団記録を読まされているような思いにもさせられた。それはそれで大変面白い経験だった。

前期・後期制の大学の授業というのは、一学期が基本的に13回で構成される。13回の授業で、ひととおり、自分史を書かせようと考えた。一学期で、自分史を書きあげてしまうというのは、そうたやすいことではないが、しかるべく指導すれば、できると思った。完成はしないまでも、基本的筋道はつけられると思った。

自分史を書くということが、そもそもどういうことで、どのような手順でどう書いていけばいいのかを指導するところまでいけばいいと思った。子供に最初に自転車に乗ることを教えるとき、はじめの頃こそ、よろよろバタンに付き合って、何度も手を出して助けてやることが必要だろうが、そのうちなんとか一人立ちできるようになる。やがてもう手を放しても大丈夫というところまでいく。それと同じだろうと思った。そのあたりを指導上の着地点として、あとの仕上げは各人にまかせることにすればいいだろうと思った。

一学期終えるときに、受講生たちの自分史がズラリとならぶところまでいけば、嬉しいと思った。

で、どうだったかというと、できたのである。

シニア世代になったら、誰もが一度は挑戦すべき

左ページに示したのが、受講生たちが仕上げた自分史である。この授業は、4月17日にはじまり、7月10日に終わった。そのあと、そのまま学校は夏休みに突入したから、「夏休みの時間を自由に使って、各自、自分史を仕上げるように」と言って、授業を終わりにした。作品の提出は夏休み後の「前期の終わり」とした。成績評価は仕上がった自分史の出来次第ということにしたから、みんな夏休み中に一生懸命頑張ったようで、出来あがりの水準はなかなかのものだった。

早い人はなんと最終講義の5日後の7月15日に提出した。遅い人は、夏休みが終わっても終わらず、さらにズルズルと数ヵ月以上かけて（つまり後期にかなり食いこんで）提出したが、結局、全員が提出した。

写真はその一部をならべて撮ったものである。最初に提出した人が、写真をたくさん入れて、簡易製本したものを出したら、あとの人も次々にそれを真似たので、写真入り、製本済みまでいった人が結構いた（全員がそこまでいったということではない。なんらかの形あるものを提出すれば合格ということにしたので、全員そこまではいった）。

中にはそのとき提出したものだけでは不満だった

受講生たちが仕上げた自分史

らしく、その後も書き継ぎ、いまもまだ書いているという人もいる。自分史を書くということには一種の魔力的魅力があるようで、はじめると止められなくなる人が必ず出るのだ。

この授業をやって感じたことは、シニア世代にとって、自分史を書くということはぜひとも必要なことだし、手順さえまちがえなければ、誰にでも書けるということである。

この本では、自分史を書くことの意義と、それを書いていく手順とを、実際に行った授業と受講生たちが実際に書いた作品に即して語っていこうと思う。

といって、これは実際にやった授業そのままの記録ではない。授業のテープの記録はあるし、一部しゃべり調で書かれた部分もあるが、それはあくまで事後的に再構成したものであって、そのときどきのリアルなしゃべりではない。

再構成の主眼は、本書を読む人が誰でも自分史を書けるようにしたいということに置いた。受講生の作品の引用も、そういう観点からなされている。

わたしは、人間誰でもシニア世代になったら、一度は自分史を書くことに挑戦すべきだと思っている。自分史を書かないと、自分という人間がよくわからないはずだからである。

こんなことをあらためてすすめなくても、人間不思議に、60歳を過ぎるあたりで、自分史を書いてみたくなるものらしい。還暦という、生まれてから60年目にやってくる人生の大きな区切りを目の前にするあたりで、誰でも「自分の人生っていったいなんだったんだろう」と立ち止まって考えたくなるものらしい。

しかし、自分の人生はなんだったのだという大きな問いを立ててみても、そんな抽象的で曖昧な問いにそう簡単に答えられるわけはない。その問いに答えるためには、まず、人生っていったいなんなの？　という問いに答える必要がある。

その問いに対する答えは意外に簡単だ。とりあえず、人生とは「一人の人間がこの世に生を受けたあと、その人の上に時々刻々起きてきた『一連の事象の流れ』」といった程度の暫定的定義で充分だろう。

とするなら、そのような「自分の人生を構成する一連の事象の流れ」を具体的につかむことにこそ、「自分の人生はなんだったのだ」という問いへの答えがあると言うべきである。そして、よく考えてみればそれを具体的につかむためになにより必要なことは自分史を書くことだ、ということになるだろう。

別の言い方をするなら、「自分の人生がなんだったのかを知りたければ、『まず自分史を書きなさい』」ということである。

自分史を書きながら、自分の人生のさまざまな岐路となった場面を思い起こす。そして、その前後の状況を思い出しつつ、ああでもない、こうでもないと記憶を呼びさまして、その前後のあれやこれやの記憶を反芻(はんすう)してみる。

あのときの、人生の岐路に立って下した自分の決断、判断は正しかったのか。あるいはあのときの自分の行動・言動などがちがうものになっていたら、別の人生が展開する可能性があったのか。そしてそのほうがよかったのか。それとも、よくよく考えれば、すべてはほとんど必然的に起きるべくして起きたことだったのか、などと考えをめぐらして、後悔の念で臍(ほぞ)をかんだり、自分の人生に妙に納得したりするわけである。そのように思いをめぐらすことこそが、自分の人生はなんだったのかを考えることそのものになるわけだ。

先回りして言っておけば、こういう問いに対して、堂々めぐりの記憶の反芻をいくら続けても、「自分の人生はこれでよかったのか」という問いに対する、正しい答えには、決してならないだろう。

いずれにしても、歴史的時間の中でリアルに起きたことだけが、起きたことであり、それは今さら変えられないことなのだから、自分の人生がこれでよかったのかどうかは「言うてせんなきこと」に属すると言えるだろう。しかし、人生をふり返るというのは、結局のところ、「考えてもせんなきこと」を考えることであり、「言うてせんなきこと」を心の中でつぶやいてみるという行為である。還暦を迎える頃になると、みんなそうせずにはいられない気持ちが湧きあがってくるものらしい。

つまり、それはそのあたりの年齢が、自分史を書く適齢期だということである。本書は、そのあたりの年齢にさしかかった人々に読んでもらいたいと思って書いている。

目次

第3章　なにを書くべきか……193

自分史の書き方

第1章　自分史とはなにか

［1］長く文章を書き続ける最大のコツ

まずは、この授業がどのように展開されていったかについて、もう少し具体的に思い出し語りをしておく。

先に述べたように、この授業は、受講生全員に自分史を書いてもらうことが目的であるから、毎回一定量の自分史を書いてもらった。毎回、その日の授業が終わるときに、次はどのあたりのことを書いてもらいたいと指示した。授業は毎週木曜日だったから、その前々日までに書いたものを提出してもらった。

それから大変なのがわたしのほうだった。提出された全員の自分史を前日までに必死で読んだ。当日の授業ではその内容を講評しながら、いい自分史の書き方はどうあるべきかといったコメントを付けていった。受講生が43人いたから、その作品を全部読むというのはそう簡単ではなく、いつも徹夜になった。

受講生のバックグラウンドはさまざまで、文章を書きなれた人もいれば（新聞記者出身の人もいれば、学校の先生や裁判官をしてきた人もいた）、一方で人に読ませる文章を書くのははじめてという人も少なからずいた。

作品の講評は基本的に「書画カメラ」を駆使して（要するにビデオカメラで作品そのものを映したということ）、各人の生の原稿をそのまま教室のスクリーンに投写した上で行った。どこがよくて、どこがよくないか、具体的に指摘した上で、忌憚のないコメントを付けていった。

人に読ませる文章をこれまでまったく書いたことがない人がしばしばおちいる誤りは、文章をどこで区切ったらいいのかわからないので、とにかくいつまでもダラダラしまりがない文章を書いてしまうという失敗である。

その解決は意外と簡単で、とにかくいま書いている文章の途中でもいいから「。」を付けて、強引にその文章を終わりにしてしまうことである。次に、過去の文章は忘れて、前の文章が中途半端のままでもかまわないから、次の行の頭を一段下げて、なんでもいいから別の文章をはじめてしまうことである。頭を一字下げた形で新しい文章をはじめることを「段落を付ける」という。

文章というのは不思議なもので、段落さえ付いていれば、読む人の頭が自動的に切り替わって突然まったく新しい文章がそこからはじまってもそのことをなんの不思議もなく受け入れてくれる。これは日本語の世界の大昔からの約束事だから、誰も変と思わず、段落さえあれば、段落でどんなに続きが悪い文章になっても、みんなつきあってくれる。

文章を書きなれた人と、書きなれていない人の最大のちがいは、この段落の使い方にあるのではないだろうか。書きなれた人は、なんでもなく段落を使いこなして、長い文章をスラスラと書いていく。途中でつまったらまた新しい段落を立てて、新しい文章を書き起こすだけで、なんの苦もなく文章を書き続けることができる。文章が続かないことで悩む人は、例外なく文章を書きなれていない人である。文章なんてものは、しょっちゅう続かなくなるのが当たり前で、続かなくなったら新しい段落を立てて新しいことを書きはじめればいいんだと、頭の切り替えができる人がいい文章を書ける人である。

文章を書きなれた人は、こんなことをわざわざ教えなくても、そのとおりのことがスラスラできるが、書きなれていない人は、それができなくていつまでも四苦八苦する（悩む必要がないことを思い悩む）。

こういうケースは、ほんの一言コメントするだけですべてが解決する。「この文章、長すぎるから途中で段落入れなさい」とか、「ここで新しく段落立てるといいんじゃない？」とかである。

わたしは大学の学部生にも大学院生にも、ものを書かせる授業を多年やってきた経験から、この形式（生原稿をそのまま映し出して指導する）がいちばん効くということを知っている。要するに、現物で、いい文章の例とダメな文章の例を次から次に出して、どこがよくて、どこがよくないかをコメントしていくと、学部生であろうと、大学院生であろうと、自然にいい文章が書けるようになっていく。

この方式の欠点は、ほめられる学生はいいが、けなされる学生はショックが大きくて、コメントの表現に気をつけないと、プラス効果よりマイナス効果のほうが大きくなるということである。学部の授業でこれを最初にやったとき、学生から悲鳴があがり、「そんな公開処刑みたいなことはやめてください」といわれたこともある。しかし、シニアコースの場合は、最低でも50年以上の人生経験をもつ人々であったから、多少の動揺はあったが、すぐに慣れてくれた。そういう年齢になっても、もう一度大学に入りたいという意欲に燃えて入ってきた人々であるから、学部生のような精神的ひ弱さはなかった。

［2］「はしがき」と「あとがき」について

自分史の場合、書くことは基本的にきまっている。それは、自分という人間がどのようにできあがってきたか、自分自身のメーキング・オブである。

このあたりで、まず、紹介しておきたいのが、先に言及した、わたしの授業で最初に提出された自分史を書いた、継潔（つぐきよし）さん（69歳・年齢は受講当時。以下同じ）のことである。

わたしが授業の最終段階で述べたことは、自分史を書き上げたら、最後に、「はしがき」と「あとがき」を付けろということだった。そこまでいってはじめて自分史が完成したといえるということだった。われわれプロの物書きにしても、一冊の本を仕上げるというのは、「はしがき」と「あとがき」を書き終えたときなのである。

ここで大事なのは、「はしがき」は決してはじめに書くものではないし、「あとがき」は全部が終わったあとに書くものではないということだ。

「あとがき」というのは、手紙のポストスクリプト（追申）みたいなもので、書き終わったあとに、あ、そういえば、あれも付け加えておかなくては、とあわてて付け加える、「ただし書き」のたぐいと思えばよい。それプラス、書き終えての自分なりの感想である。

いずれにしても、本文部分を全部書き終わったあとで、「あとがき」は自然に出てくるから、出てくるままに書けばよい。そして、「はしがき」はそのあとに書くのがよい。全部が完成したところで（「あとがき」までいったところで）、自分史を書くということがどういうことであったのかがあらためて見えてくるはずである。その上で書くのが「はしがき」だということだ。

以下、継さんの「あとがき」と「はしがき」を引用する。これを読んでもらうと、自分史を書くということの意味がよくわかってもらえると思う。

「あとがき」を先にしたのは、彼はわたしが指導したとおり、「あとがき」を先に書き、「はしがき」をそのあとに書いたにちがいないと思うからである。

〈あとがき〉

平成19年2月、左眼網膜にゼリー状の膜ができ、失明する恐れがある黄斑上膜（おうはんじょうまく）という病名診断を受け、聖隷浜松病院で手術を受けた。

失明は避けられたが、左視力は0・05程度で物がはっきり見えない状態が続いていた。

更に悪いことに平成20年2月の術後定期検査で緑内障を発症している事もわかり、治療してはいるが左眼失明の危機にある。そのためパソコンに20分も向かっていると、左眼は芯から疲れ、痛みさえ感じるし、正常な右眼も違和感を覚える状態である。

家内からは根をつめて自分史を書くことはないと再三注意されたが、私としては左眼が失明する前に書き上げておかねばと、何かに取り憑かれたかのようにパソコンに向かい、点眼薬を注しながら自分史を書き続けたのである。

わたしはこのくだりを読んだとき深く感動した。この人は、自分の眼がつぶれるものならつぶれてもいいとまで思いつめて、自分史の完成を急いだのである。すべての授業が終了してわずか5日間で、大部の自分史（A4用紙をフルに使って100ページをゆうに超えていたから、400字詰原稿用紙換算でおよそ350枚、すなわち薄めの単行本一冊分あった）を提出した背景には、この必死の思いがあったのである。

受講生の中に、そこまでの思いをこめて、自分史を完成させた人がいたのだと知って、あの授業から生まれた作品がこれ一冊だったとしても、あの授業はやった甲斐があったと思った。

［3］自分の歴史を記す2つの意義

継さんは、さらに「あとがき」をこう続けている。

恥を忍んで幼年期、少年期の母との確執を書き上げ、第一子長女死亡の箇所では書きながら涙が溢(あふ)れ、何回書くことを中断したか判らない。

家内には結婚前の私のことを余り多く語って来なかったし、長男、次女にとっても尚更のことで、今回の私の自分史を読み、初めて私なる人間の一端を知る事柄も多いと思う。

（略）私は死後、追悼集など出版して貰える様な人間でないし、その必要もない。私には赤裸々に己を書いた自分史がある。自分史が追悼集になる。

自分史のデータをSDカードに入れて保存して置くので、私が死んだ際にはコピーしたSDカードを棺の隅に添えて欲しいとだけは今から遺言しておこうと思う。

以上

このあたりに、自分史を書く意味がよく表現されていると思う。自分史を書くのは、第一義的には自分のため、自分の存在確認のためだが、その次には、家族あるいは子孫のためである。家族（子孫）に真の自分がどんな人物であったかを知ってもらうためである。

個人差はかなりあろうが、誰でも家族との人間関係は、濃いようで、意外に薄い側面がある。配偶者にしても、子供にしても、本人とは、生きた時代のズレが相当あるから、意識のズレが大きい。とくに人格形成期（幼年時代、子供時代、青年前期）の自分に関しては、誰でも自分の人生の記憶としてもっとも大切な部分がそこにあるという思いがするだろうが、彼ら（子供と配偶者）はそれについてほとんどなにも知らないはずである。それは彼らにとって、自分たちが存在する以前の神話時代に属する物語なのだ。だから、自分の書いた自分史を読んだときに、彼ら家族も、「初めて私なる人間の一端を知る」ことになるだろうと継さんは言っているのだ。人によっては、自分の子供時代のことを、家族に多少は昔話を語るような感じで話したことがある人もいるだろう。しかし、まとまった話を筋道立てて語るということは、たいていの人がしていないはずである。

わたしにしても、父と母がどのように結婚して、新婚時代どこでどのように暮らしていたかといったことを、ちゃんと系統だった形で聞いたのは、母の最晩年、90代に入ってかなりたってからだった。いま聞いておかないと何も聞けなくなると思って、ある日、60代、70代の子供3人が、しかるべき場をこしらえて聞かせてもらった。実際、それからしばらくして母は死んでしまったので、母からはそれ以上なにも聞けなくなってしまった。結局、そのときまとまった話を聞いたのが、そういう話を聞く最後の機会だったのだ。

こうして、母からは死ぬ前にある程度まとまった話を聞けたが、父からは、そういう形で話を聞くことがついぞなかったので、ついに、まとまった話を聞く機会がないままで逝ってしまった。

子供のほうから場を設定してでも話を聞きたいという気分になれば別だが、そうでなければ、自分から子供たちを全部集めて自分語りで、昔話をするというのも、人によっては「あり」かもしれないが、子供らの都合もあるし、そうは長い時間をとれないだろうし、あまりおすすめではない。自分という人間を家族にちゃんと知ってもらおうと思うなら、自分史を書くという形にするのがいちばんいいと思う。

ここで、先にスキップして引用しないでいた継さんの自分史の「はしがき」に戻ってみる。これを読むと、誰にとっても自分史を書く意味がどれほどあるかがわかると思うからである。

〈はしがき〉

87歳になる母は左右の大腿部骨折により車いす生活を強いられ、要介護度5の認定を受けている。

同居による介護が困難のため横須賀市浦賀にある特別養護老人ホーム「太陽の家二番館」に入居しお世話になっている。

家内が週に1回は横浜の自宅から母に面会に出掛け母の相手をして呉れている。私も月に2回程度は面会に行くのだが認知症の進行した母との会話が成り立たず、10分位の面会で退散してきてしまうのが常である。

そんな私を見て家内から「あなたは一人っ子なのに母親に冷たいのでは。会話が弾まなくても、もっと暖かい言葉を掛けて上げなさいよ、お母さんは、いつも潔、潔って気にしているのに」と小言を頂戴するのである。

自分史を書き始めるに当たり、母の出生、生い立ち、父との出会いを書きたいと思っても全く資料が見つからないし、認知症の進行した母から、それらを聞きだす事は当然ながら叶わない。

母の認知症が進行する前に色々聞いておくのだったと後悔している。

私が歳をとり認知症になった時、母と同様に幼児返りして他人が理解できない事ばかり繰り返し話すようになるのだろうか。

認知症になった私を見て、家内や子供達が、お父さんのこと色々聞いておけば良かったと後悔する事がないよう、私が歩んできた一端を少しでも書き遺しておけたらと願っている。

結局、自分史を書くということは、こういうことなんだと思う。

人はみな死ぬ。一人の人の死とともに、多くのものが失われる。その人の脳の中にあった記憶が失われる。その人の記憶が失われるとともに、その人の記憶がつないでいた記憶のネットワークの当該部分が抜け落ちる。世界は、モノの集合体として存在するとともに、同時代を構成するたくさんの人間たちが共有する壮大な記憶のネットワークとして存在している。この世界の主要な構成部分として壮大な全人類的規模の記憶のネットワークがあるのだ。一人の人が死ぬと、その人の脳がになっていた、壮大な世界記憶ネットワークの当該部分が消滅する。一人の人間分の穴があいた記憶ネットワークは、前と同じものではありえない。

世界記憶ネットワークのコンテンツは、世界の構成員たちが、一人、また一人、そしてまた一人と、刻一刻抜け落ちるたびに、少しずつ変わっていく。

一人一人の記憶がになっている、壮大な世界記憶ネットワークの局所部分は、全人類的見地から見れば取るに足りないほど小さなものだろう。しかし先の継さんの「はしがき」に書かれていたように、それは、特定の何人かの周辺的存在者（友人知人縁故者）にとっては、失われては困るかけがえのない記憶なのだ。

特定の何人かの人にとっては、その人の記憶がその特定の人のアイデンティティそのものにかかわるようなものである可能性があるからである。その人が死んでしまったら、あるいは認知症（健忘症）になってしまったら、取り返しようがない記憶というものがある。死んだあとで、あるいは認知症になったあとで、「あ、もう少し早く聞いておくべきだった」と気がつくことが、必ず出てくるものである。

なぜなら、個々の人間の個別の存在は、本人の記憶に支えられて存在しているとともに、他者の記憶に支えられて存在している。もしあなたの存在が、世界のありとあらゆる人の記憶の中から突然忽然と消え失せてしまったとしたら、あなたは本人の意識の中では、まだ存在しているつもりかもしれないが、社会的にはもう存在していない人間の部類に入ってしまっているのかもしれない。意識が正常な状態にあればまだしも、継さんの母親のように、認知症になって、他の人にはまったく理解できないことを繰り返すばかりになったらどうか。

わたしの母も、昨年（2012年）95歳で死んだ。認知症にはならなかったものの、最期の日々、日常的に病床について入院したままになった頃、言っている言葉の内容がだんだん理解不能に近いものになっていった。そういう状況の中で、ときどきこれまで家族が聞いたこともない遠い遠い過去の思い出話を突然しだしたりして、家族みなで顔を見合わせるようなことがあった。

そういうときに聞いた話は、キチンとメモを取るということもしていないから、そのうち、わたしの記憶からも脱落し、やがてこの世から消え去っていくのだろう。それはそれでいいのかもしれない。この世が過去に生を受けた人の記憶や記録であふれかえる必要もないだろうから、社会がその歴史的資産として保存したいと考えることでないかぎり、個人に属する記憶は、せいぜい三代ぐらい続けば、あとは消えるにまかせておいていいだろう。しかし、三代ぐらいは自分史として記録しておかないと、子々孫々の中から、「そういえば、うちのひいじいさん（ひいばあさん）はどういう人だったんだろう」と興味をもつ人が出てきたときに、なにも手がかりがないということになる。

人間は結局、遺伝子というかＤＮＡの産物なのだろうが、各人のＤＮＡは先祖代々の遺伝子の集積（遺伝子プール）が生み出したものである。誰にでも、三代さかのぼれば、遺伝子をくれた先祖が少なくとも８人いることになる。時間軸をさかのぼっていくと、遺伝子をくれた人の数は倍々ゲーム的に増えていって、二十代さかのぼれば１００万人。三十代さかのぼれば10億人ということになって（実際には重複があるからそうはならない）、一世代の日本人全部ということになる。そのあたりまでいけば、一人一人の遺伝子の与える影響はほとんど無意味なまでに小さくなるが、二代（４人）、三代（８人）ぐらいだと、一人一人の遺伝子が相当意味ある影響を与えているはずである。

ある少年時代――母親との確執

さて、継さんの「あとがき」にあったように、継さんは、生涯最大のトラウマとして、子供時代に起きた母親との激しい確執をかかえていた。継さんは、そのあたりのことを自分史の第2章から第3章にかけて、〈過保護、過干渉の母　①幼年期、②少年期〉のタイトルのもとに相当深く書きこんでいた。

継さんの父親は、東京帝国大学出身の医者で、彼が小学校2年生のときに、神奈川県三崎町の町立国保病院の院長として招聘（しょうへい）された。一家もそれまで住んでいた千葉県佐倉町から、神奈川県三崎町に引っ越すことになった。継さんの自分史から引用してみると、こうだ。

私に優しかった母の態度が急変しヒステリックになり始めたのは、私が1年生の夏休み頃からで、友達と買い食いしてはいけない、紙芝居は観てはいけない、サーカスを観に行くと人攫（さら）いに攫われるから行ってはいけない等々、いけないづくしのオンパレードである。

更に私に図画や習字を無理やり習わせ始め、私の自由な時間を奪ったのである。

母はどこで聞き出して来るのか、「厚生園」病院長のT先生、向かいに住むA先生の子息子女と私の通知表の評価点を比較し、私の+2の数が子息子女達より少ない（当時は+2、+1、0、−1、−2の5段階評価）と知り、付きっ切りで私の評価の悪い科目の勉強を教えるように変身していったのである。

母の楽しみ生き甲斐は私の成績がよい事、図画や習字で金賞を取る事にあり、銀賞、銅賞は問題外、私が金賞を取れないとなると何故取れないのだと不満の矛先を私に向けて来るのである。

小学校4年生の頃の継さん

母は子供の気持ちなど寸分も思いやらず、医者の一人息子の吾が子を何が何でも医者にさせたく、世間体を気にし、他人の子より成績が良い事を偏に狂信的に願う人であった。

「将来の夢」と題する作文の宿題があれば、医者になる事を書くよう強要され、私の「電車の運転手さんになりたい」と書いた文章が直される。私のちいさな夢が壊され無視され修正される。私としては堪ったものでなかった。

このような母の行動は当時、脊椎カリエスを患い二子目を産む事が叶わない事に起因し、一人っ子の私に全てを賭けざるを得なかったからである。

そんな過激な母からの干渉を慰めてくれるのは、父が病院の職員から貰ってきてくれた黒犬の雑種犬であった。

私はその犬に「くろ」と名前をつけ、散歩に連れて行くのが唯一の息抜きの時間であり、「くろ」に母の悪口を言い、母の干渉を癒してもらう日々を過したのであった。

犬に母の悪口を言うことが唯一の心の慰めになっていたというのだから、この時期の継さんの心の中は、相当に屈折していたというべきだろう。

愛犬の「くろ」と悲しい別れがやってくる。

その「くろ」とお別れする日が来る。父が神奈川県三崎町に建設される三崎町立国保病院に初代院長として赴任する事になったのである。

「くろ」を連れて行くことを泣いて母に頼んだが、暫くは仮住まいで犬は飼えないとの事で願いは叶えられなかった。

可愛がった「くろ」がその後、元気にしているか父に消息を聞いて貰うと「職員

の人達に殺され食べられてしまった」との返事に、あの「くろ」が殺された？　と幼い心をいたく傷つけられたのである。

当時、黒犬の肉を食用にする人々がいたとはいえ、人間が犬の肉を食べてしまうとは信じられない出来事であった。

三崎町に引っ越したのは、継さんが小学校2年生のとき。昭和26（1951）年だからまだ占領下時代である。朝鮮戦争が継続しており、翌27年にはメーデー騒乱事件などが起きて物情騒然としていた時代である。日本人の生活水準は低く、犬を殺して食べる人がいたとしても（肉は安価ではなかった）、別に法にふれるわけではなし、眉をひそめる人は多かったかもしれないが、不思議とはされなかった時代だった。わたしも、当時11歳で同じ時代を生きた人間だから、そういうことがありえたということはよくわかる。

引っ越して間もなく、継さんは、三崎町の小学校でいじめに遭い、それを避けるため、転校する騒ぎになる。

クラスの男子生徒の大半は漁師の息子で、気の荒い連中もおり、ひ弱な性格の私

は虐（いじ）めの対象となり学校生活に馴染めない、いじけた学童生活を過ごすことになった。

昭和28年3月、私の知らぬ間に願書が出され、理由も分からず面接試験に連れ出され、翌4月、4年生のクラスに編入転校したのが私立横須賀学院小学校であった。

母は病院長の妻として町の小学校に馴染めない私を見るにつけ、少しでも生徒の質が揃った私立の学校に入れたかったのである。

三崎町から横須賀まではかなり距離があったので、オンボロバスで毎日1時間もゆられながら通った。

通学時間が苦にならずに済んだのは、中途編入学にもかかわらず、クラスの生徒たちが心優しく私を受け入れ仲間に入れてくれたからだった。

1クラス36名の、2クラス編成の学年で、三崎の学校とは異なり先生方が実の親のような存在であり、生徒達は兄弟姉妹のように伸び伸びと育てられた。

心の落ち着きを得た私は、相変わらず勉強、勉強の母の厳しい躾もあまり気にならず、6年生2学期頃まではクラスで2、3番の成績を維持していた。

気が合わない教師たちに強く反発

4年生で転校し、6年生までは、友人にも先生にもめぐまれて、継さんは順調に学園生活を楽しむことができた。しかし、中学に進学したあたりから、再び、母親との間に激しい確執が生まれ、学園生活は地獄と化していった。

そのあたりのことが、第3章の「思い出すのも嫌な中学校時代」の項に詳しく書かれている。英語のY先生、数学のN先生と折り合いが悪くなり、成績がどんどん低下していったのである。

英語の先生は強度の吃音があるY先生。しかもクラス担任でもあった。私は神経質な性格の先生が好きになれず、英語の授業が大嫌いになっていった。このことは社会人になり、外資系企業に入社してから苦労する遠因となり、悔やんでも遅すぎたのである。

数学の先生は小学校時代の担任O先生の厳しさに更に輪をかけたN先生。勉強が分からない生徒を放置するような先生の態度が気にいらず、当然勉強が分からない私は必然的に英語に加え数学も嫌いな科目に加わったのである。

そして、決定的に事態を悪化させる事件が起きる。

しかもN先生は中間テスト、期末テストの結果を、親が点数確認をした証拠として答案用紙に印鑑を貰って提出することを義務付けていた。

成績の下がる一方の私は、点数の良い答案用紙のみ母に見せ、悪い成績のものには内緒で印鑑を押して提出していた。

それがN先生にバレ、当然母にも通告され両者からこっぴどく叱られる始末。私が悪いのは承知であるが、N先生は私を庇(かば)ってくれるどころか、母に同調し私を責めたてるばかり。ますます勉強が嫌いになって、先生、学校、母に不信を強く抱くのであった。

怒り心頭であった母は、この息子の成績状態では医者への道は遠ざかるとばかりに、三崎在住の元英語教師のお爺さん先生（事実、古臭い教え方で直ぐに飽きてしまった）の家へ通わされた。数学に関しても早稲田大学理工学部の学生が教える塾に無理やり私を通わせたのである。

しかし、継さん本人はまったくやる気がないから、早稲田の学生の塾には、通っているふりをしただけで、実際にはもらった月謝で映画を見て時間をつぶしていたという。それもやがて母親にバレ、さらにこっぴどく叱られた。

この事件以後、母との闘争の日々が続き、何につけても母に反抗し、反抗に徹した中学時代を私は頑なに貫くのであった。

厳しい学校の先生、過干渉な母親の板挟みに身を置き、通学のバスが崖下に転落してくれないか、そうしたら自分は死ねるし、どんなにか楽になれるのにと日々バスの中で夢想していた悲惨な時期である。

通学のバスが転落して死ぬことまで夢見たというのだから、相当心理的に追いつめられていたのだろう。

中学時代はかくのごとく悲惨だったが、学校が中学─高校エスカレーター方式であったため、高校進学は無事に果たすことができた。しかし、高校に入ってから母親との確執が再燃する。高校の担任は物理のT先生だったが、この先生とも折り合いが悪かった。

さらに、中学時代母親の味方ばかりするので折り合いの悪かったN先生が、今度は高校の数学の教師になって着任してきた。大学の医学部を受験するとなると、数学は必修である。母親は旧知のN先生に頼みこんで、とくに厳しく指導するようにお願いしたが、結果は事態を悪くするだけだった。

N先生の提案という噂であったが、全生徒の中間、期末テストの結果順位（数学、国語、社会）が試験終了後の1週間程、廊下の壁にずらりと巻き物の如く貼り出されることになった。（略）一学期に於ける中間テスト結果は国語、社会科目は比較的上位の順位であったが数学は中位以下。期末テストに至っては121名中、120番であった。

当然、この数学の成績結果は母の知るところとなり、三者面談の場で厳しく叱責されるが、私は見せかけだけの反省の態度を示し、その場を取り繕うだけであった。

帰宅すると母は興奮のあまり鬼面と化し、私を罵倒して猛省を促す。それに対し私はカバン、教科書、腕時計等、物を母に投げつける暴力沙汰に及び凄まじい状況で私は食事も取ることを拒絶した。

そしてこの険悪な状況が数週間続いたのである。

抑えられていた感情の爆発

このような最悪の状況の中で、救いの神としてあらわれたのが、家庭科の野平満枝先生だった。野平先生は、担任のT先生、母親との三者面談に立ち会い、こう言った。

「潔君、今日はお母さんも、T先生も絶対叱ることは無いと約束するから、勉強のこと、お母さん、T先生に対して不満に思っていることを包み隠さず話して御覧なさい。一人でいらいらしていては苦しいばかりでしょう」と野平先生が口火を切られた。

暫らく重苦しい空気が部屋全体を支配し誰も口を開こうとはしない。

5分位して野平先生が「潔君、高校生にもなって遠慮するなんて男らしくない。不満をぶちまけて楽になってしまったらいいのよ」と言われる。

しばらく重苦しい沈黙が続いたあと、突然継さんは、爆発した。

その場の様子と野平先生の真意を計りかねていた私だったが、突如「無理やり医者になることを強要されたくない！　小さい頃から医者になるのが当たり前のように母から勉強を強いられてきたことが重荷になって耐えられない、死にたい！　干渉しないで欲しい、自由が欲しい！　勉強は好きでないし絶対医者になんかなれないし、なりたくない！　T先生も生徒の心の中を察する先生であって欲しいんです」。泣きながら今までの心の悩みを思いのたけ吐き出し、分かって欲しいと絶叫する私であった。

母は泣き出すし、T先生の顔は苦みばしり言葉を発しない。

その場を救ったのは、野平先生の一言だった。

「お母さん！　潔君は本当は暴力を振るうような悪い子でない、母親思いの素直な子なんですよ。一人でお母さんの期待を一身に引き受けようとしてきたのです。今日からは潔君を楽にしてあげるよう約束してください。お医者様だけで社会が成り立っている訳では無いんですから彼を見守ってあげましょう、T先生もですよ！」

野平先生の言葉に当初は納得いかない様子の母も、今後は私に干渉しないこと、医者になることを強要しないと約束してくれたのである。

これ以後、継さんは、母親の束縛から解放されて、高校生活を普通にエンジョイしていった。

[4]「恥やトラウマ」を書きこんで自分を癒やす

「あとがき」で、この母親との確執のくだりを、継さんは、「恥を忍んで」書いたと表現していた。

人は誰でも、このように、書けば自分の恥をさらすようなことになるからなかなか書けない部分をもっている。それを自分史の中でどう処理するか。そのあたりで、自分史の中身がずいぶん変わってくる。もちろん、そういう恥になる部分には、ふたをしたまま、一切ふれない書き方もある。ふれても正面からは書かず、表面的なことをあっさり書くだけですますというやり方もある。むしろ、そのほうが普通かもしれない。日記をつける人でも、みんな多かれ少なかれ、日記の中でウソをつくように、自分史の中でもさまざまのレベルでウソをついたり、真実を隠したりするものだ。とくに他人の目にふれることが確実な場合は、ますますそうなる。それが、いけないというのではない。

だが、何人かの人は、（たとえば継さんのように）自分史のそういう部分に、正面から向き合って、恥となる部分も臆することなく書いている。そういう作品はいずれも相当読みごたえがあるものに仕上がっている。

どういう形で処理するのがよいかはケースバイケースだと思う。純粋に自分のためにだけ書き、自分以外の誰にも読ませるつもりがないのであれば、それは相当深いレベルで、恥となる部分を書いてもいいだろうが、誰かに読ませるつもり、あるいは、読ませるつもりでなくとも、誰かの目にふれることが予期されるのであれば、その人との人間関係の濃淡に応じて、それなりの按配（あんばい）をしてしかるべきかとも思う。しかし、「本当の自分を知ってもらう」ことに重きを置くなら、恥となる部分まで踏みこんで書いたほうがよいと思う。そこまで書くことによって、自分とそれを読む人間との間に一種の秘密の共有関係のようなものが生まれ、その人との関係はより深いものになるだろうからだ。

この点に関して、もう少し一般論をしておけば、誰しも、ずっと心の片隅に置いたまま、わざと触れずにおいた、心の中のわだかまりのようなものを、みんな大なり小なり、もっているはずである。それについて書くことで、そのわだかまっていたものがほぐれてくる。自分史を書くことには、そのような癒やし効果のようなものがある。

これは、フロイトの発見した、精神分析療法の理論と同じである。心の中のトラウマ（精神的外傷、心の傷）になっている部分を直視し、自分の心の奥底にそのようなトラウマがあったが故に、自分の心に特別な歪（ゆが）みが生じていたのだと認識する、その認識を得たとたん、心の歪みは消えていくというのがフロイトの洞察であり、彼の実践的治療法だった。たしかにこの理論そのままのことが自分史を書く作業の中でも起きるということを、わたしは何度も経験している。

そういうトラウマ部分は、いざ自分史を書くとなっても、なかなか書けない部分で度に書いても、なかなかその深奥部に踏みこめない。

この自分史を書く授業では、今度はこのあたりを書いてとか、こういう要素について書いてとか、いろいろな課題を与えながら、そこまでに書いた自分史を提出させて、そこにいろいろなチェックを入れるということをした。添削とまではいかないが、いろんな書きこみをした。「？　ここよくわかりません」とか、「もっとくわしく」とか、「Ｇｏｏｄ！」とか、ほんのちょっとしたコメントを書いておくと、それに刺激されて、どんどんよいものになっていくということがよく起きた。

しかし、何人かの人は、強いトラウマにとらえられていて、なかなか前にすすめず、何度書こうとしてもどうしてもひっかかる部分で筆が止まったまま、何日も何日も新しいものがいっこうに出てこないということが起きた。

途中で筆が止まったまま動けなくなった人が何人かいたが、そういう人の中で、ある日突然、それまで書けなかったことをちょっとだけ書き出したら、それまでためにためていたことが、一挙にほとばしるように出てきて、「もう止まりません」状態になってしまった人もいた。

その人は、結婚したあと、嫁姑の間のすさまじい確執にまきこまれて、自分の声を出して自分の意見をいうことなどまったく不可能という恐ろしい抑圧状態の中で人生の大半を過ごしてきた人だった。ずっと抑え続けてきたその恨みつらみにほんのちょっとした出口を与えたとたん、それが爆発的に噴出してきたのである。それはびっくりするほどすさまじいものだったが、ここでは具体的引用は避ける。

ここで引用するものは、すべて、本人の了承をとったものだ。そのように恨みつらみが噴出したようなものには、本人の了解がないから、これ以上は書かない。授業中にそのような内容につながる話をするときも、オブラートに包んだような話しかしなかった。

自分史を書くときに出てくる一つの問題は、このように、人には言いたくないし、書いたとしても人に見せたくない、そういうプライバシーの極致のような話があるということである。

自分史には、そういうプライバシーの極致のような話がどうしても出てくる。

[5] 最重要ポイントは「自分史年表」作り

そういう例としてここでもう一つ紹介しておきたいのが、雨宮悠子さん（仮名・58歳。プライバシーの極致のような話だから仮名にせざるをえなかった）の自分史である。

この人も、はじめちょっとだけ子供時代のことを書いただけで、ずーっと書けないでいた。そして、ギリギリ学期が終わる頃になって、突然書きはじめたら、ものすごくいいものを次から次に書き、その後、このコースの授業が終わってもまだ書き続けているという人である。何人かの人に読ませたら、みんな面白がってくれたので、その後、ネット上に個人的なページを作り、ブログ形式でずーっと書き続けた。いろんな人がその感想を書きこんだりしたので、もうとっくに、単行本一冊以上になっている。

それだけ長い間、ずーっと書けなかった背景には、子供の頃、母親との間に大きな心理的葛藤があり、母親を娘として絶対に許せないと思うようになったということがある。

そのことはまたあとで書くとして、その前に、彼女が書いたものの中に、この自分史の授業がどのように展開していったかを知るのに、いいくだりがあるから、そこをちょっと引用しておく。

私は50歳くらいの時から、それまでの自分を振り返り、生きた時間の分だけ積み上げられたさまざまな出来事やその時々の思いを整理したい、いつか自分史を書きたい、そう思っていた。

2008年4月立教セカンドステージ大学に入学、履修届のカリキュラムに「現代史の中の自分史」を見つけ、私は真っ先に選んだ。

受講生は50名くらい。立花隆先生が有名なジャーナリストであることを私が知ったのは、授業を受けしばらくしてからのことだった。

日本経済新聞の『私の履歴書』を参考にして書きなさい……「自分史」の授業が始まった。まずは生まれてから小学校に入学するまでを書き始めた。

私の心のステージに幼い頃の自分が現れる。

そう、もう50年以上も前の私に引き戻される心で書き始めた。

驚いた。私は記憶は歳と共に薄れてゆくもの、ましてやその時の感情や心の動きなど消え失せているものと思っていた。

驚いた。思い返すひとつひとつの出来事にその時の感情がそのままにくっついていて、あたかも「その時」に私が居るかのように、記憶から消えていない私の心を観た。

驚いた。小学生の私を書く時は小学生の私が感じた心を書き、高校生の私は高校生の私が感じた心を書いた。まるで自分が歩いた人生の道をもう一度生き始めるかのように……。

3回目の授業の時だった。

先生が自分史の年表作りを課題に出した。自分がどういう時代に生まれ、時代の何に影響を受けてきたのか、記憶を引き出し、客観的にいろいろな事が見えてくる、自分だけの年表を書きなさいと。

そうか、この授業は「現代史の中の自分史」なのだ。

みんなすごい年表を書いてきた。自分が生まれた時の世界の出来事・日本の出来事・家庭の出来事・影響をうけた人の年表などなど、世界、いや宇宙的な観点から見る自分、そして自分の人生……なるほど、そういう目で自分を、自分の人生を確認するのか、そうやって書くものなのか……これぞ「現代史の中の自分史」、そう教えられた。

ここにあるように、「自分史」を書く上で、最重要なステップが「自分史年表」を作ることである。自分史年表とは何なのか。どのようにすればそれを作ることができるか。自分史年表を作る上での留意点は何かといったことは、次の第2章で詳しく解説する。実際の授業では、みんなそれなりの自分史年表を出してきたが、とくにすぐれたものを出してきた人が何人かいた。そういう作品を書画カメラでスクリーン上に提示すると、あちこちから感嘆の声があがるというものがいくつかあった。

実は雨宮さんは、ここで授業に挫折してしまった。彼女は文章はなかなかのものを書く人なのだが、年表のようなものをまとめるのが苦手だったのだ。「今度出します」と言って、出さないことを何度か続けるうちに、授業にも出にくくなったのか、出るのを中断してしまった。

しかし、後に授業に再び出はじめ、自分史もなかなかの作品を突然出すようになったことについては、またあとで書く。

ともかく、ここでは自分史年表を書くことの大切さだけを指摘して、話を雨宮さんの記録にあった、もう一つの重要なポイント、自分史の最良のモデルは、日経新聞の

「私の履歴書」ということについて書いておく。

［6］お手本は日経新聞「私の履歴書」

わたしは前から、自分史の見本として、いちばんいいのは、日経新聞の「私の履歴書」だろうと思っていたので、はじめの授業でそれを紹介した。日経新聞を読む人で、1面をパーッと読んだら、次に新聞を裏返して、いちばん最後のページの「私の履歴書」に行く人がいちばん多いといわれるくらい、人気のページだ。

1956年にはじまってから、すでに60年以上になる。登場人物は各界の有名人だが、日経らしく経済人が多く、後に経済人だけを集めて再編集した38巻本が作られたりしている。その中から、五島慶太（東京急行会長）、杉道助（ジェトロ理事長）、堤康次郎（衆議院議長）、松下幸之助（松下電器産業相談役）のそれぞれ冒頭の部分を、プリントして配り自分史のモデルとして紹介した。

なぜ、これら4人の冒頭の部分をプリントして配ったのかというと、自分史の書き出しは、一般的に自分の生まれ育ちからはじめるのが普通だが、その典型的な例になると思ったからである。これくらいの書き出しの典型例をパパッと読んでそのマネをするところからはじめれば、誰でも簡単に自分史を書き出せるだろうと思ったのである。とはいっても、４人の書き出しは微妙にちがう。

まず、五島慶太と堤康次郎だ。どちらも辣腕（らつわん）の財界人として有名。そして経営する会社が東急と西武という、長らくライバル関係にある有名私鉄会社ということでよく引き合いに出される二人である。

〈五島慶太〉

私は明治十五年四月十八日、ちょうど釈迦降誕の日の十日後、信州上田から三里ほど山の中に入った、詳しくいうと長野県小県郡青木村という片田舎で、小林菊右衛門という水呑百姓の二男として生まれた。兄は総領の甚六というか、非常におとなしい男で、家業の百姓を継ぎ、後に村長、県会議員等をやり、平凡な一生を草深い片田舎で終ったが、私は世の二男坊の通例に違わず、負けん気の暴れん坊で、村の大事な鎮守の拝殿に大きな落書をしたり、同年輩の友人の頭に鍬を打込んで大怪我をさせたりしたこともあった。

この青木村の小学校に入学したのが明治二十二年で、ここで四年の課程を終えた後、隣村の浦里小学校に転校し高等二年を卒業したのち上田中学校に入学した。

〈堤康次郎〉

私が生まれたのは、明治二十二年二月十一日。滋賀県愛知郡八木荘村の農家である。父を猶次郎、母をみをといったが、五歳の時父に死に別れ、以来一人の妹とともに、祖父母に育てられた。だから親には縁が薄い、いわば不幸な子であったわけだが、しかしそのかわり祖父母は、私を育てることに、すべてを捧げてくれた。その意味では決して不幸な少年時代ではなかったし、とにかく私が今日あるのは、この祖父母のお陰である。この祖父母のもとで小学校を終え中学へ進むことになった。

どちらも、中学校へ進学するところまでをこの本の行数で8行（五島）ないし、6行（堤）でサラッと書いて、二人の人物論の的確なイントロとしている。

杉道助は大阪が活動の中心だったので、東京ではなじみが薄いかもしれない。大阪財界人の代表格で、戦後大阪商工会議所が再発足したときから、会頭を14年間もつとめた。ジェトロの前身の海外市場調査会を作ったり、池田勇人首相の要請で日韓会談の政府首席代表をつとめたりしたことなどでも知られる。

吉田松陰と縁戚関係につらなっていたことが、次の記述からわかる。

〈杉道助〉

私の郷里は山口県の萩だが、父相次郎が県庁に勤めていた関係から私は明治十七年、山口市で生まれた。私が吉田松陰の実兄の杉民治という人の孫に当るということは、いろいろなものに書かれもしたので、知っている人もあろうと思う。

一体、この杉、吉田両家の関係は実に深く、松陰までに三代、杉家から養子に行って吉田の名を継いだものである。松陰以後も私の伯父の杉小太郎、弟の彦能が吉田家へ養子に行っている。ところが、ここに不思議な因縁がある。吉田家へ養子に行った人達はほとんど判で押したように若死している。松陰の伯父の吉田大助、それに松陰、私の伯父の小太郎と、いずれも二十代から三十代で死んだ。そこで私の弟が養子に行くと話が決まったときも、母の滝子は非常にいやがったものだ。

〈松下幸之助〉

私の少年時代はむしろ小僧時代という呼び方が当っているかもしれない。家運の傾いた家に育った私には幼いときの楽しい思い出は少なく、苦労の思い出だけが多い。まあ順を追って話していこう。

私は和歌山市から和歌山線に沿って東へ二里、海草郡和佐村というところで明治二十七年十一月に生まれた。

家は格別由緒正しいというほどでもないが、まあ村では旧家に属する方で、暮し向きも長兄が県下に一つしかなかった中学校に通っていたくらいだから上の部だったろう。父は村会に出たり、役場の仕事をしたりしていた。私は八人兄弟の末子、一番かわいがられて育った。いまでも子守に負われて小川で遊んだり、夕暮れのあぜ道を子守唄を聞きながらウトウトして帰ったかすかな思い出がある。これなどは数少ない幸せな思い出の一つである。だがこの幼い日の幸福も束の間、私が六歳になると家の破綻がやってきた。そのころは日清戦争後の産業興隆期で、和歌山市に米の取引所が設けられ、米相場が立つようになった。父は新しもの好きの気持もあってか相場に手を出した。結果はもとより大失敗。わずかの間に祖先伝来の家や土地を人手に渡すハメとなり、一家は和歌山市内に移り、父は知人のキモいりで下駄屋を始め、兄も中学を四年で退学、商売を手伝うことになった。

以上の4人のうち、はじめの3人は、簡潔な記述はよいが、ちょっと無味乾燥に流れすぎていると思う。文章のタッチとしては4人目の松下幸之助のものがよい。自分史は歴史の記述ではないのだから、歴史の教科書のように淡々と歴史的事実だけを記述していくというのはよくない。自分という人間がどのようにできあがってきたのかを語るのだから、一種の物語を語っていくという気持ちで書いていくのがいいと思う。

ちょっと肩の力を抜いて、しゃちこばった文章になるのは避けたほうがよい。

[7] 書き出しについて――人はみな万世一系

モデルとして取り上げた以上の4人は、水呑み百姓の出から、名家、旧家につらなるものまで、その出自はさまざまである。しかし、その出自を聞くと、その人となりを知る上で、なるほどと思わせるものがある。ということで、自分史の第一歩はまず、自分の出自について一言するところからはじめるのが常道である。それが常道だが、具体的にどう書くか。ここに見るように、具体的な書き出しはさまざまだ。親のことからはじめてもいい。家系のことからはじめてもいい。人間みな親があってはじめて生まれてくる。親にはそのまた親があって……という具合に、人は誰でも、先祖というものを引きずってこの世に生を受けている。

人のＤＮＡ（遺伝情報）はすべて先祖から引きつがれている。よく天皇の家系の尊さの表現として、「万世一系」という言葉が使われるが、万世一系なのは天皇家だけではない。その人に伝わっているＤＮＡに着目し、そのもとを次々にたどっていけば、それはそれで結果的にたった一つの系統に帰着するから、「人はみなその人なりの万世一系の遺伝情報の流れを引きずってそこにいる」ということができる。

人間の形質はすべてもとをただせば、その人のＤＮＡに行きつくわけだから、自分という人間のメーキング・オブを語ろうと思うなら、有名な家系であろうとなかろうと、先祖のことに多少とも言及するべきである。あなた自身、自分の中に先祖の血を感じないとしても、あなたがそこに一人の人間として存在しているという事実それ自体が、あなたの中にある先祖の血の存在を証明している。

あなたの血液を一滴取り、そのＤＮＡを抽出し、それをＤＮＡ解析機にかければ、30億超の塩基対からなるあなたがもって生まれた遺伝暗号を全部読みだすことができる。いわゆるゲノム解読だ。誰のゲノムだって解読できる。数年前まで、そのためには、数年がかりの時間が必要で、数億円の費用がかかったが、最近では時間は数日間、費用も数十万円ですむようになっている。技術の急速な進歩で、時間も費用もどんどん早く安くなっており、いずれ、誰でも、数万円の費用をかければ、数日以内に自分のDNAを全部読み取ってもらえる日がくる。当初は、その応用はもっぱら医療で、病気のかかりやすさとか、ある薬が効くか効かないかを調べるいわゆるオーダーメイド医療にかぎられるだろうが、実はその人のDNAにはその人の歴史も書きこまれている。その人のDNAの中に、生物進化史や民族の歴史、自分のファミリーの歴史も刻印されていると考えられている。DNA解読が容易にできる時代には、人が自分史を書こうと思ったら、まず、自分のDNAの特徴のようなところから話をはじめる時代になるだろうと予測されている。

実際、クレイグ・ベンターというゲノム解読を最初にやりとげた、アメリカの遺伝学者の自叙伝(『ヒトゲノムを解読した男　クレイグ・ベンター自伝』化学同人)は、相当の費用をかけて自分のDNAを読み解き、そういうスタイルの伝記にしている。

いま一般庶民が同じことをやろうとしてもできないし(費用がかかりすぎる)、やったとしてもあまり意味ある結果は得られない(DNAをアルファベット的に読み解くことは機械的にできるが、その意味解析のほうはまだまだなのだ。きわめて不完全にしか解析できないし、多少とも意味がわかる部分は量的にいってＤＮＡ全長の数パーセント程度だし、本当の意味解析ができない部分のほうが圧倒的に多い)。ヒトの形質が、どれだけ遺伝的に決定されていて、どれだけ環境要因の影響を受けるかについては、まだ多くの議論があって、確定的なことは何もいえない。しかし誰でも、自分の容姿にしろ、声や言葉つきにしろ、性格にしろ、あるいはものの考え方や行動様式にしても、親とものすごく似ている部分があるはずだ。誰しも遺伝的影響は否定しがたいところがある。

わたしも昔は、自分は親とぜんぜんちがう人間だと思っていたが、だんだん年をとるにつれて(50代後半くらいからだろうか)、自分にも、ものすごく親に似ている部分がある(しかも日常的なしぐさなど思わぬ部分にそれがあらわれてくる)ということに気がついた。それ以来、ああ自分もどう否定しようもなく、あの人とあの人の息子なんだと両親の顔を思い浮かべるようになった。

ということで、自分史を書くにあたって、親ないし家系のことから話をはじめるというのは、もっとも一般的な書き方だが、それは人間関係の本質から考えてもっともなことなのである。そう思ったら、そのために必要な準備作業をちょっとしておくとよい。親ないし、親戚の人で、一族の歴史に詳しい人に、あれこれ質問して話を聞いておくのである。

親のことは自分の記憶で書けるだろうが、家系のこと、一族のこととなると、必ずしもそうではないだろう。わからないことは、なにによらず、知っている人から話を聞くにかぎる。一族の中にはたいてい一人くらい、一族の歴史に詳しい人がいるはずだから、そういう人を探しあてて、根掘り葉掘り話を聞くのである。

ともかく、個人の記憶の範囲で自分史を書くか、一族の歴史にまで話をちょっと広げるかで、自分史の厚みが決定的にちがってくるということは覚えておいたほうがよい。

失われた「松尾芭蕉の笠」

こういうヒントを与えたら、ものすごいことを書いてきた人がいた。

立教大学ＯＢの辻野長（たけし）さん（60歳）の家は、敦賀の旧家で、元禄時代から格式のある旅籠（はたご）をやっていた。その旅籠に「奥の細道」の旅を終えた松尾芭蕉がやってきて、そこで長旅の草鞋（わらじ）を脱いだのだという。あの「奥の細道」の旅そのものを、辻野さんの家で終えたのだというから、ビックリである。「奥の細道」では、大垣で旅を終えたことになっているが、実際には敦賀の旅籠で足で歩く旅を終え、大垣へは翌日馬で行ったのだという。

芭蕉はこの旅籠へ突然やってきたわけではない。

「弟子の曾良が芭蕉さんに先行してうちを訪ね、数日後に師匠が来るので、宿泊と俳句の会と敦賀の名勝を案内してくれるようにと宿泊代などを前払いしていった」という。

芭蕉はここで旅を終わりにしたので、旅立つにあたって、「名月や　北国日和定めなき」という一句を短冊にさらさらと書き（これはちゃんと『奥の細道』に載っている）、それを宿の主人に贈った。それとともに、ここで旅を終わりにするのだから、もうこれは必要ないと、道中ずっと使ってきた、愛用の杖を宿の主人に贈った。これが辻野家にはずっと家宝として伝わっていた。本家の「居間の壁の上の方のカモイの所に、茶褐色の1m30㎝ぐらいの『棒』が後生大事に架けられていた」のがそれだったというのだ。

しかし、まだ小学生だった辻野さんにはその価値がわからない。そこで「ワル餓鬼だった僕と（本家の）従妹と、主人が外出の時を見はからって、ネエヤにその棒を取ってもらい、チャンバラゴッコをしたものである」という。信憑性を保証するために、この話を杖の写真入りで大々的に報じた地元福井新聞の昭和初期の大きな記事の写真が辻野さんの自分史に貼りこまれていた。その見出しに、「俳聖の手ずれも尊し　酒をくみ短冊と共に宿に贈る／敦賀辻野氏宅／〝細道〟行脚の杖を伝う」とある。

その記事によると、辻野家の本家の家長（当時）は、敦賀市の市議会議長で、芭蕉を泊めた旅籠の主人からかぞえると八代目になるという。その人が辻野氏の祖父にあたるというから、この自分史を書いた立教ＯＢの辻野氏は、十代目にあたっていたわけだ。立教大学というのは、昔から地方の名家出身の学生が珍しくない大学なので、このように、とんでもない歴史の秘話を有する家系の出身者もいるのだ。

この話には、もう一つのサブストーリーがある。実は、芭蕉が残したものは、杖だけではなかった。もう一つ、道中ずっとかぶっていた日よけ、雨よけの笠があった。「この笠は、芭蕉翁が旅の途中で、何か起きたり、思いついたりしたことを、メモ代

嶺南版

俳聖の手ずれも尊し
酒をくみ短冊と共に宿に贈る
敦賀辻野氏宅 〝細道〟行脚の杖を伝う

稚蚕餓死の危機

市立二中で農業教育
田園都市小浜の振興策

親子揃って大はしゃぎ

「芭蕉の杖」を報じる福井新聞の記事

わりに笠の裏に墨字でいっぱいメモっていたというシロモノだったらしい」というから、ある意味でこれは杖よりもはるかに文化史的に価値が高いものだったといってよいだろう。

しかし、それがあるとき失われてしまうのである。

辻野氏の自分史には次のようにある。

芭蕉の日常性をメモっていただろう「笠」は現存しない。

理由はこうだ！

明治末期、祖父の時代、辻野家は春の桜を見に一家でハイキング（？）に出かけた。

そのとき、新しい「井戸」を掘る発注をしており、井戸掘り職人が庭で「井戸」を掘り始めていた。どんどん掘ってゆくうちに穴は深くなり、職人さんの頭に地下水がポトポトと垂れてきた。そこで、留守番の「ネエヤ」に「水でずぶぬれになるので、なにか雨よけは無いかね！」と頼んだ。「ネエヤ」は慌てて、とっさに「芭蕉の杖」の下の「床の間」に飾ってあった「笠」を貸したのだ！

もうお気づきの通り、笠はずぶぬれ、字は滲（にじ）み、もうボロボロ。帰ってきた祖父は烈火のごとく怒ったという。

でも、気を取り直して、「外で日干しにしておいてくれ」と頼んだ。そこで又事件が起きる。明治時代は治安がよく、道の通りに、色んなものを置いたり、干し物をしていても大丈夫だった。「芭蕉の極秘メモの笠」も、またもや「ネエヤ」が云われたとおり、日干しの為、人通りのある道端に置いて、乾かしていた。すると、当時いた「ゴミ屋さん」（僕の小さい頃もいました）が廻ってきて、道沿いに置いてある（乾かしてある）「笠」を持ち去った。ボロボロで墨が滲み、「ずぶぬれのゴミ」と思い込むのも当然だった。

これは読んでいてビックリのエピソードだった。でもさもありなんと思った。わたしが子供の頃も「くずや〜おはらい〜」と唱えながら街々を流して歩く「ゴミ屋さん」なるものがたしかにいた。そして彼らはその辺にころがっているゴミとおぼしい所有者不明のものも拾ってもっていってしまうことがたしかにあった。

［8］自分史は「エピソードの連鎖」である

ここで、先の雨宮悠子さん（仮名）の自分史にもどると、雨宮さんも地方の名家出身だった。地方の名家つながりで、彼女の自分史の子供時代の記憶の部分を追ってみよう（以下、彼女の自分史の出身地名、登場人物も本人の希望により仮名にしている）。

「母ちゃん」が家にいないと私はいつも寂しかった。父は私が満4歳の時、突然白血病に倒れ、わずか2ヵ月の入院で死んでしまったそうだ。当時4歳の私は遺影の写真でしか父の顔を知らず、父の記憶は少しもない。

私の家はX県のE町で木材業を営んでいた。父の雨宮恵三と母ヨシ、そして姉一人と兄4人の家族の中で私は末っ子としてとても可愛がられながら育てられたらしい。時代は日本がGHQの占領から脱し、高度経済成長期へと移行する黎明（れいめい）期。当時E町は木材業が盛んな地域であり、その中でも私の家は1、2を争うほどの勢いがあり、父はX県全体の木材組合長をしていたのをはじめ、地域でも町全体の多くの公職などを兼任していたそうだ。

そんな父が突然亡くなり、母は38歳で6人の子供を抱え、女社長として30人の従業員と共に木材業を営み、私達を育ててくれた。

このあたり、生まれ育った家と町のことが適確に描写されていて、なかなかいいすべり出しである。4歳のときに父が急死してしまい、あとは母が女手一つで会社を経営し、6人の子供を育てなければならなかったのだから大変だったろう。末っ子で手がかかる雨宮さんを、母は保育所に預けようとする。

ある日、そんなわがままな私のこれからを懸念してか、保育所に連れて行かれたことがあった。母が一緒の間はおとなしくしていた私だったが、母が帰ってしまうとわんわん泣いて教室から飛び出した。

玄関の靴箱の前で泣きじゃくる私を、先生方が次々に何とか教室にもどるようになだめて下さるのだが、言うことなど聞かず、鍵がかけられた玄関のガラス戸越しに母が帰って行っただろう方向を見つめ、いつまでもいつまでも何時間もわんわん泣き続けた。

とうとう自分でその玄関の戸をこじ開け、線路づたいに歩いてやっとの思いで家まで帰るや否や、すぐさま母にしがみつき全身の涙を振り絞るかのように保育所に行くのは嫌だ嫌だと泣いた事が、半世紀以上も過ぎる今になっても鮮明な記憶として私の中に残っている。

親のことや、家のことなどから書きはじめれば誰でも簡単に自分史を書き出すことができる。だが、次に書くべきことは何か。

それはこの雨宮さんの文章がそうであるように、「最初の強い記憶」だと思う。

記憶には、何年たっても忘れない強い記憶と、せいぜい数分しかもたずに、あっという間に消えていく弱い記憶がある。その中間には、数時間はもつ記憶から、数日はもつ記憶、あるいは数ヵ月はもつ記憶など、記憶保持期間のちがう、さまざまの記憶がある。なぜ記憶保持期間がそんなにちがうのかといえば、それは記憶の種類と脳内記憶装置への刻みこまれ方（記銘）の強さがちがうからである。

大別すると、記憶には手続き記憶とエピソード記憶があって、それぞれ記憶される場所も、記憶の方式もちがう。手続き記憶というのは、ごはんの食べ方から、自転車の乗り方、自動車の運転の仕方、ピアノの弾き方などなど、あらゆる「やり方の記憶」である。それは身体が覚えてくれる記憶であって、繰り返しによっていったん身体に覚えこませてしまうと、ほとんど一生忘れない記憶となる。もう一つのエピソード記憶は、「言語化して語ることができるひとまとまりの出来事の記憶」である。「断片的な物語」といってもよい。

自分史とはなにかといえば、一言でいえば、いろんなエピソードの連鎖として、自分の人生を語っていくことである。

自分史を書いていく最初の作業としてもっとも大切なことに、「自分史年表を書く」という作業がある。このあとの第2章で詳しく述べていくが、その年表は、「世の中で起きた客観的な事件事象」の年表であると同時に、「自分の人生に起きた事件事象」の双方が含まれる年表でなければならない。後者が、その人の自分史の主たる構成要素となるエピソードである。

前者の客観的な事件事象のほうは、さまざまな市販の年表、あるいは学校の図書館にあるような年表を参照すれば容易に作ることができる。しかし後者の「自分の人生を形成する個人的な事件事象エピソード」のほうは、客観的な資料も若干はあろうが、もっぱら、頭の中の記憶の倉庫をひっかきまわして、いろいろなエピソードを掘り起こしていくことが中心的な作業になる。

そのあたり、なかなか一挙にはいかないから、徐々に話を広げていこう。

最初の一歩として重要なのは、先に述べたように「最初の記憶」である。最初の記憶は人によってちがうが、早い人は、雨宮さんのように4歳のときの記憶があるかもしれない。しかし、普通は5～6歳だろう。小学校に入る前の記憶はまったくないという人も珍しくない。

いずれにしても、たいていの人の最初の記憶には、強い喜怒哀楽の感情が伴っているはずである。記憶の記銘の強さには、その記憶に伴っていた感情の強さが反映するのだ。雨宮さんの話のように、「何時間もわんわん泣き続けた」とか、「母にしがみつき全身の涙を振り絞るかのように」泣いたといった体験は、記憶の中に深く深く刻みこまれるものなのである。

「母親の恋」が許せなかった思春期

さて、6人の子供をかかえ、子育てを頑張ってきた母が、急に変わるのは、木材業のかたわら、繁華街に「松寿し」というお寿司屋さんを開店してからだった。

その頃母は、一番上の兄に木材業を任せ、仲良しのおばさんと町内の繁華街に「松寿し」というお寿司屋さんを開店した。

私は毎晩帰りの遅い母を待ちわび、母の脱いで行った洋服に母の匂いを感じ、それを抱きしめながら眠ったものだ。

母はどんなに遅い帰りでも必ず朝起きて学校へ行く私を見送ってくれた。木材業の女社長から寿司店経営へ。母がほとんど家にいないことに変わりはなかった。

その母が突然変わる。

そんな母が恋をした。

相手は私の一番上の兄と同じ年の会社の事務の人だった。

母が大好きな私にとって、その「母の恋」は大きかった。

38歳から女一人木材業を営み男社会の中で生き抜くことは、私には想像もつかぬほど大変だったろうし、だからこそ、ひと時の快楽に自分が走ったのか、走らされたのか……。

49歳の母が、まるで恋狂う少女のように……そんな母の姿が哀れだった。

恋に翻弄される母。家族中から非難されても、どうにもならず堕(お)ちてゆく母の現実を中学3年、15歳の多感な私が見た。

仕方がないと人は言った。女が一人生きるには、そんなこともあるのだと。

私は恋した母が哀しいのではない。

母の人生の最後の恋が、たとえ現象面であらゆる常識から逸脱していても、ホンモノであって欲しかっただけだ。

大好きな母だったから。それまで母の涙をたくさん見てきたからだ。

それ以来、「今の母さんは大嫌いだ！　同じ家の中で、同じ空気を吸うのも嫌なほどにね！」と宣言して、母とは同じ家にいながら顔を合わさないようにした。

昭和40年4月、私はX県立E高等学校に入学した。

入学前から母との確執で、同じ家に住んでいながらも母とは決して顔を合わさぬようにした。母がいる間は、自分の部屋から一歩も出ず、母が自営する寿司屋に出かけたあとの夜にだけ、茶の間へ行く日々をすごした。

この自分史を書いている時点で、悠子さんはこの気持ちをまだ整頓できないでいた。

「母の恋」はそれからの私に、そして今、母と同じく一人生きる私に、深い影響と問いかけを残したまま、まだ答えは見えずにいる。

母は58歳で、生涯を閉じた。今の私と同じ年に……。

今年で35年が過ぎる。

雨宮さんの自分史は、実は大変ユニークな自分史で、ここからが面白くなるのだが、その面白い部分については、また先に行ってから述べることにして、ここで話の流れはいったんカットすることにする。

こういう中途半端なブチ切れ状態のままでの引用をあえてしたのは、自分史を書く上での大切な要素、自分の「最初の強い記憶」について書くことの意味を強調したかったからである。最初の強い記憶が、わずか4歳という年齢で深く刻みこまれ、しかも強い記憶に特徴的な「感情の激発を伴ったエピソード記憶」として、そのうえ「具体的な細部を伴った詳細な記憶」として幼児の頭に深く刻みこまれていた例だからだ。自分史の主たる材料は、誰でも自分の記憶の中にあるのだから、それをどのように掘り起こしていくかが大切なのである。

ということで、話はここからその掘り起こしにもっとも役に立つ、「自分史年表」をいかに作っていくかという話に転じることにする。

第2章　自分の年表を作る

［1］年表が自分史のコンテとなる

普通、文章を書く上でいちばん最初に迷うことは、なにについて書くかである。題材、テーマということだが、自分史の場合は、それが決まっているから、そこで悩むことはなにもない。自分という人間がどのようにできあがってきたか、その流れを時間を追ってながめなおす、というのが自分史の基本だ。

先の雨宮さんが書いた、初期の授業紹介にあったように、受講生たちに最初にやらせたことは、「自分史年表」を作ることだった。

通常、長い文章を書くときには、その大ざっぱな内容の流れをメモ風に記した「コンテ」を作るのが普通だ。自分史の場合、この自分史年表がコンテになる。いい自分史年表ができたら、自分史はもう半分できたといってもいい。それくらいこれは重要な要素だから、初期の授業ではここにいちばん力を入れた。自分史年表は何度も形を変えて作り直してもらっている。

最初スケッチ程度のものを出してもらって、それをまた教室のスクリーンに映し出して、いいもの、悪いもの、いい点、悪い点を具体的に指摘していった。いいものをいくつか紹介していくと、次の回では、皆がいいものを真似してとり入れてくるので、それを二度くらいやるとだいだい基本的なもの（コンテたりうる自分史年表）ができた。自分史年表は、いいものがいちどきにできるわけはないから、いろんな枠組みと、いろんなスケール（特に時間軸の長さ）で、習作的にいくつか作ってみることが重要である。

年表を作る意義は、それによって巨視的に自分の人生全体をパッと見渡せるようになることにある。大切なのは、「全体をパッと見渡せる」ということにあるのだから、はじめからあまりに詳細な年表を作ることに熱中するのはよくない。詳細すぎると、細部に目がいきすぎて、全体をパッと見渡すことができなくなるからである。

それでは自分史年表とは具体的にどういうものか、まずは現物をいくつか見てもらつたほうがわかりやすいと思うので、以下に若干の実例を示す。実例を示すとともに、こういうものを作る上でどんな作業、どんな準備が必要なのかということをあわせて示していく。

自分史年表の骨格は、いわば、「履歴書（学歴・職歴）プラス個人生活史プラス家族史」みたいなものであるから、まずは、そのアウトラインを自分の思い出すままにメモ的に書いてみるところからはじめるのがよい。

履歴書は、普通の履歴書を少し詳しく書く程度でいいだろう。職歴の部分は、「仕事内容の歴史」「職場異動の歴史」が入っているほうがいい。個人生活史の基本は、住所変更の歴史をきちんとおさえることが重要だ。

人間の人生はすべて4次元時空（空間軸プラス時間軸）上の移動の歴史だ。人間はすべて、「あるとき」「ある場所」で誕生する。誕生点といってよい。それから一生の間、4次元時空の時間軸上、空間軸上を移動しながら生活を続けていく。

そして、やがて、命数（めいすう）が尽きたとき、人は、4次元時空上のある一点（あるとき、ある場所）で死ぬ。死滅点といおうか。結局、人の一生は誕生点から出発して、死滅点へと向かう長い長い4次元時空上の航海のようなものだ。自分史はその航海日誌のようなものだ。

人の一生を4次元時空上の軌跡として一目で描けるような4次元マップがあったとして、その上に、人の一生をトレースしてみたら、どの人の一生もそう大したものではないということがすぐにわかるだろう。時間軸上はどんなにがんばってもたかだか100年程度しか生きられない（きわめて少数の人は100歳以上生きるかもしれないが、どんな長生きの人でも130年は生きられない）。

ヒトの一生は宇宙の歴史130億年、地球の歴史40億年にくらべたら、ほとんどゼロに等しいといってよいくらいの瞬間的「時間存在」でしかないのだ。空間軸上の存在者としても、世界を股にかけて活動、活躍する人でも、一生かけて地球上をせいぜい数周する程度だろう。職業パイロットでもせいぜい数百周だろう。宇宙空間の宇宙ステーション上の宇宙飛行士なら、90分で地球を一周できるが、それでも一生かけて地球を数千周するのが関の山だろう。将来人間がどんなに空間移動能力を発展させたとしても、人間の技術では、天文学的距離の基本ユニットである「1光年の距離」（地球を2億3652万周するのに匹敵）を克服できる日が来るとは思えない。太陽系の外に出て、いちばん近い恒星であるアルファケンタウリ（約4・3光年離れている星）まで行くことすら永遠にできないだろう。

肉体的存在者としての人間は４次元時空上の移動能力という観点からすると、地球周辺に閉じこめられた存在なのである。人間がその空間を脱することができるのは、想像力の飛翔の中においてだけである。この問題についてこれ以上論じることは、本書では避けるが、自分史を考えるときに、あるいはなにを考えるときでも、人間はどんな偉い人でも、本質的に無限の広がりをもつこの宇宙の中において、そのような卑小な存在者にすぎないということを、頭の片隅に置いておくべきである。

いずれにしても、人間の一生は、４次元時空上の軌跡という観点から巨視的にながめ直してみると、誰のものでもそう大したものではありえない。觔斗雲（きんとうん）に乗ってこの世の果てまで飛びまわってきたつもりになっても、お釈迦様の掌の上から出られなかった孫悟空みたいなものだ。

限定された航海者ではあるが、自分史という形で、自分の生涯をかけての航海全体をふり返ろうとするとき、大切なのは、まずその大きな全体像をとらえて、自分の人生の大きな構造を見ておくことである。若いとき、すなわち、大航海に出発する前の頃、あるいは航海に出発した直後の頃は、期待に胸がふくらむばかりで、未来の未知の航海部分ばかり大きく見えて、全体が見えなかっただろうが、いま50代、60代という人生の後半戦に入ったところで全体をふり返ってみると、全体像が全体として見えてくるはずである。精密にではなくとも、自分の全体像がなんとなく見えてきたという気持ちが生まれてきたときが、自分史の書き時である。

［2］自分の人生を大きく区分けしてみる

そこでまず最初になすべきことは、自分史を大きな時代別に区分けしてみるということだろう。

時間軸で区分するなら、「幼年時代、少年・少女時代、高校時代、大学時代……」といったことになるだろうか。職業人としては、「就職するまでとその前後、入社直後と平社員ＯＪＴ（現場訓練）時代、企業内のステップアップ過程、動乱と失業の時代あるいは栄光の時代、リタイアの時代……」といった分類も可能だろう。そのどこかが、家族史（結婚、出産、子供の成長。あるいは病気、死別など）の大きな区切りとも結びつくだろう。

そして、そのすべてにおいて、住居ないし生活拠点の移動といった、空間軸の移動の歴史が結びつくはずだから、それと結びつけた時代区分にしてもよい。「故郷とそろう。

こを出るまでの時代、東京時代、赴任地の△△時代」のような区分けにしてもいいだろう。

どのような時代区分にするのが適当かは、個々人によってみなちがうはずである。自分の人生をどのように区分しようかと考えるところから自分史の執筆がはじまるといってもよい。いずれにしても、自分の人生をいくつかの大きな区分に分けてみることが必要だ。そのような大きな区分けが見えてくるような自分史年表を作ることが重要だ。区分したら、一つ一つの区分に適当なラベリングをしておくとよい。

もう一つ重要なことは、人生とは単なる4次元時空内の移動ではないということだ。まったく別の角度から見ると、それは、常に人間関係の海の中を泳ぎ続けるような行為としてあったはずだ。すべての人が、驚くほど多くの人間関係を引きずりながら生きていく。その過程でさまざまな喜怒哀楽を友人、し合ったり、ぶつけ合ったりを繰り返していくのが、エモーションの側面から見たときの「生きる」という行為だ。その全体像が自分史なのである。自分史にはそういう要素も入れておいたほうがよい。

そういう側面の自分をつかむために、その時々の自分を取り巻いていた「人間関係のクラスターマップ」を作ってみることが必要だろう（クラスターマップについては

第３章で述べる）。別の言い方をするなら、それぞれの時代に自分を取り巻いていた人間関係の一覧表を作っておくということである。それらの人間関係から生まれた、個人的喜怒哀楽のイベント、エピソードを拾いあげるメモを作ることも必要だろう。自分史は最終的にエピソードの集積体になるわけだから、思いつくたびにエピソードをメモする、「エピソード帳」なども作っておくとよい。

もう一ついうならば、われわれの人生は、個人として、個人的エピソードの集積を生きている部分もあるが、同時にわれわれはみな同時代の地球社会のメンバーの一員として、同時代の日本人社会、同時代の世界社会をさまざまな出来事を通じて共有しながら、生きてきたということも忘れてはならない。

そういう側面も、自分史年表には欠かせないから、自分史の一つの軸として、同時代に起きていた主な世の中の（日本と世界の）出来事を記入する欄を作っておくとよい。市販の年表でゴチックで大々的に記され、かつ自分の記憶に強く残っているような出来事にかぎることが大切だ。市販の年表を参照しだすと、「社会の出来事年表」がとめどなく詳しいものになりがちだが、それは避けるのがよい。

形式は自由である。いくつかの見本を見たら、あとは自分なりの工夫を加えて、自分のものを作ればよい。

工夫のポイントは枠組みである。年表の基本的な形式は、年単位の時間軸に合わせて、その年に起きたコトを順次記録していくということにつきるが、考えなければならない枠組みとは、その際、「内容をそれぞれにたがえた時間軸を何本ならべるか」ということだ。別のいい方をすれば、自分の自分史全体を巨視的に見るときに、どのような構造的視点をもって見るのがいちばん適当かということでもある。その辺のことは、具体的事例をもって話さないとわかりにくいと思うので、また先にいって話をする。

［3］資料整理で記憶がよみがえる

それとともに、資料を整理することが必要だ。自分史にかかわる、さまざまの資料のたぐいが誰でも机の引き出しやタンスの中、あるいは紙袋や各種ファイルの中にあるはずだから、そういうものを見つけ出すという作業がまず必要になる。

人間の記憶は、具体的なモノに結びついて記憶システムの中にしまいこまれているものが多い。だから、なにか具体的な手がかりを目にしたり、手にしたとたん、ひとかたまりの記憶がドッとよみがえってくるということがよくある。

そういう意味で、なんといっても重要なのはアルバムである。昔の写真を一枚引っぱりだすと、たちまちその写真が撮られた頃の思い出が瞬時に束になってよみがえってくるはずである。

いまはどこの家にもカメラがあって、子供の頃からいろんな生活記録が写真になって残されており、アルバムの一冊二冊どころか数冊あるのが普通だろう。昔の写真をできるだけたくさん探しだすというのが、自分史を書くための最初の一歩になる。しかし、わたしぐらいの年代になると、探そうにも昔の写真はほんの数えるほどしかない。それだけに一枚一枚の写真が貴重で、また情報量も多い。このあと紹介する山本和孝さんの昭和22（1947）年の一家の写真（110ページ）もそういう一枚で、これを見るだけで、日本の終戦直後のどうしようもなく悲惨な時代が目に浮かんでくる。

わたしが自分のカメラで写真を写すという経験をしたのは、中学の修学旅行のときがはじめてだった（1950年代前半）。カメラは兄からの借りものだった。フィルムが高かったから、いまのように枚数かまわずパチパチ、シャッターを押すなんてことはとてもできなかった。一枚一枚考えてゆっくりシャッターを切った。もっていったフィルムも、12枚撮りを3本ぐらいではなかったろうか。写真を撮ったあとも、現像、引き伸ばしのために何度も写真店に通い、時間も金もかかった。

自分自身のカメラを持つようになるのは、大学に入ってからで、好きなだけシャッターを平気で切れるようになるのは、大学を卒業して出版社に就職し（1960年代後半）、社有のカメラを借り出し、フィルムも好きなだけもらえるようになってからだ。結婚して子供が生まれる頃（1970年代）には、個人所有のカメラを持ち、写真もバンバン撮ったので、アッという間にアルバム一冊ができ上がり、これからの子供たちは、生まれる前から写真記録つきになるのだ、と感慨を深くした。

ある程度年配の人はみんな人生のどこかで、わたしのように、ある時代まではきわめてわずかの写真記録しかないが、ある時代を境に写真がドーンと増えるという体験をしているはずである。

いずれにしても、写真が一枚入るかどうかで、自分史はぜんぜんちがったものになる。いい自分史を書きたいと思ったら、いい写真を見つけて、その写真を適確に使うにしくはない。

セカンドステージ大学での「自分史」の講義の場合、最初に写真入りの自分史を書いた人を紹介したら、その効果にみなびっくりし、「それどうやるの?」「どうやったら取りこめるの?」とアッという間にその技術が普及して、写真入りが標準になっていった。

写真以外にも、昔の思い出の品々をあれこれ引っくり返しているうちに、昔の日記が出てきたり、子供のときに書いた文章が出てきたり、人からもらった手紙（ラブレターなど）、年賀状のやりとりの記録など、いろんなものが出てくるはずである。そういうものもどんどん資料として活用していくと、自分史のふくらみが出てくる。まずは、思い出の品々が保存されている場所をひっかきまわすというのが、自分史を書くための欠かせない準備作業となる。

いい実例として、牛木洋子さんの例をここに紹介しておく。

牛木さんは、ＪＡＬのスチュワーデス２７４期生として、32年間勤めた人（総乗務時間1万８７１３時間）だが、その自分史の「あとがき」に自分史のための資料探しについて書かれた部分がある。それは自分史を書こうとする多くの人に参考になると思うので、ここに引用しておく。

最初は、どうなるかと皆目見当がつかないまま書き始めたが、どうにか書き上げることができた。毎週、提出期限ぎりぎりまでかかり、パソコンに向かう日々で、

常に「自分史」が頭から離れることがなかった。

挿入する写真探しのため久々にアルバムを開いたら、原稿そっちのけですっかり見入ってしまったこともあった。また、何か資料が無いかと家の物置を捜していたら、訓練手帳や、当初から二十年間ほどのフライトスケジュールが記された手帳や、入社して初めてもらった給料明細書などが見つかった。その手帳を見ていたら当時のことが鮮明に甦り、きのうのことのように思い出された。また、同期の面々に連絡を取り、情報を提供してもらい皆の記憶を集めて書いたところもある。

私は、独身でこの自分史を残す子供もいないが、自分がたどってきたこれまでの人生をじっくりと振り返り、整理することが出来た。また、こうして書き進めていくうちに、嫌だと思ったこと、辛いと思ったことが次第に浄化され、全てなつかしい思い出になっていった。

この最後のくだり、なかなかいいことを言っている。嫌だと思っていたことや辛いと思っていたことが、自分史を書くうちに、「次第に浄化され、全てなつかしい思い出になっていった」という部分だ。自分史を書くことで多くの人にこのとおりのことが起きる。それが自分史を書く最大の効用といってもいい。

自分史の基本は、自分の好きなように書くことだから、自分史年表もあまり形式に縛られる必要はない。大事なことは、何度も試し書きをして、作り直すことである。人の作ったものをどんどん見て、あ、これいいと思ったら、自分のものに取り入れることである。はじめからあんまり精密なものを作ろうとすると、途中で挫折するから、はじめはほどほどのものができればいいぐらいの気持ちではじめるのがよい。

さて、せっかくだから、ここで、牛木さんがスチュワーデスになるまでを牛木さんの自分史から少しだけ引用してみる。

牛木さんは、生まれは会津だったが、東京電力に勤めていたお父さんの転勤で、高校は埼玉県の秩父だった。

父は、「女性でも経済的に自立できる力を付けなければならない」という考えを持ち私を教育した。

この頃、私は『アテンションプリーズ』というTV番組の影響を受け、スチュワーデスに憧れていた。ジャンボジェット（B－747機材）が導入された時期で、森英恵さんデザインの当時流行であったミニスカートのワンピースの制服は話題になり、女の子が一度は憧れる職業であった。しかし、父には、そんな夢みたいなことを言っているなと一蹴され、父の考えとも合致する薬剤師を目指し大学を受験するが、失敗し浪人生活に入るのである。

浪人時代、池袋の予備校に1年間通った。

地方の山間部で育った私にとって、池袋は大都会であり、予備校の帰りに立ち寄る西武デパートやパルコは、刺激的であり魅力的であった。受験勉強よりその魅力にはまるのに時間はかからなかった。池袋から次第に渋谷へと足が向いた。受験勉強は二の次になった。

翌年、再び薬科大学を受験するが、どの大学も合格に至らず、すべり止めに受験した短大しか受からなかった。当然の結果ではあったが、夢に描いた薬剤師としての人生を諦めた。そして、ごく普通の短期大学の英文科に入学し、就職する道を選んだ。私にとっては、一つの挫折であった。この時点では、短大を卒業し、適当な企業に就職し二、三年間働き、そこでめぐり会った人と結婚し、家族ができ、人生を終えるのだろうと漠然と考えていた。

しかし、人生とは面白いものである。ひょんなことから高校時代に憧れたスチュワーデスの道が開くのである。

スチュワーデスへの道は、どう開いたのか。短大の2年生になって間もなく、就職活動がはじまった。

人気の会社は、航空会社、商社、損保会社等であった。私は、その当時、初任給の一番高かった某洋酒メーカーを受験したが落ちた。人気の主要な会社の就職試験は、六月から七月上旬に行われたが、私は教育実習と重なり、望む業種の会社は受験できなかった。そんな折、某自動車会社の求人案内を大学の教務部で見つけ受験した。面接時に「どういったところで仕事がしたいか?」と聞かれ、「英語を生かせるところが良い」と答えたところ、「経理に配属したいが、良いか?」と言われた。英語の成績より数学の成績が良かったのかもしれない。もちろん「はい」と答えた。某自動車会社に就職が決まった。

卒業を待つだけのある秋の日、友人と渋谷の道玄坂を歩いていると、『スチュワーデス募集』の看板が目に入った。日本航空の営業所の前であった。友人と二人でその応募用紙をもらい、早速募集期限が迫っていたので急ぎ投函した。ところが、どういうわけか私にだけ採用試験日程の通知が来たのである。

一次試験は、日本の主要都市の会場で行われ、東京会場は高田馬場の早稲田大学で、一般教養の筆記試験が行われた。試験当日、高田馬場駅から早稲田大学までの人の波に驚いた。この日の東京会場での受験者数は二千人であったと後で知った。この人たちが皆受験するのかと思ったら、気が抜けどうでも良くなった。肩の力が抜けた。これが功を奏し、第一次筆記試験は合格となった。

高田馬場から早稲田大学まで1・5キロ近くもある。そこが人の波で埋めつくされるというのは、ただごとではない。当時のスチュワーデス人気のすごさがよくわかる。

第二次試験は、五人一組での面接試験であった。これが一番緊張した。五人一緒に面接室に入り、順番に質問される。私は四番目で、前の人たちがどういう質問をされ、どう答えたかがわかるに従い緊張が高まっていった。

いよいよ私の番になった。「秩父市について話してください」と言われた。何を話そうかと一瞬頭の中で秩父の光景がぐるぐる回った。そして口をついて出たのが、「先ず、武甲山が目に入ります。この山は、セメントの原料となる石灰岩の山で、発破し崩していますが、それにより貴重な動植物が失われ、自然破壊という問題になっています」と答えた。それ以上、何も聞かれなかった。答え終わってから、「秩父夜祭のことを言えばよかった」と思ったが後の祭りである。引っ越した当初のあの恐ろしい発破の爆音が、私の心の奥底に残っていたのである。

一次試験が通ったときは、まぐれかと思ったが、二次、三次と試験が進むにつれ、欲が出た。受験番号が近く、ずっと一緒に通っていたある子は、途中から試験会場で会わなくなった。

最後は身体検査であった。健康には自信があったが、平衡感覚を調べる検査は大変興味深いものであった。毎年の定期健康診断の際、自分のファイルにその結果用紙が残されており、一年に一度、採用試験当時の緊張感を思い出す機会を持つことが出来た。

試験結果は、その都度電報で知らされた。そして、待ちに待った内定通知の電報は、雨のクリスマス・イブに届いた。ついに憧れのスチュワーデスへの夢がかなったのである。一生忘れられないクリスマスプレゼントになった。

合格してからの訓練も大変だった。

約五ヵ月間、国際線乗務のための訓練が行われた。客室乗務員には、サービス要員と保安要員としての任務がある。訓練科目は、機内サービス全般（国内線・国際線）、機材別の仕様、時差計算、通貨計算（機内販売）、ＣＩＱ（出入国手続き）、ファーストエイド、英会話、リカーサービス、ミールサービス（エコノミークラスとファーストクラス）、救難訓練である。訓練所には、畳敷きの和室もあり、そこでは着物の着付や茶道の訓練もあった。一つの教科が終わるたびに試験があり、合格しなければならない。

最も大変なのが、英会話のインタビューと救難訓練である。一方、楽しみな授業がミールサービスの訓練であり、訓練生同士でお客様役とＤＵＴＹ役に分かれてファーストクラス訓練を中心に行われる。食材も実際に機内で使用している物が用意される。お客様役はフルコースでそれを食べるのである。私が、着物を着てサービス訓練する写真が残っている。

当時は、機内で着物を着てサービスしていた。着物は三種類の絵柄があり、その絵柄で担当コンパートメントが決まるのである。Ｂ－７４７の場合、『藤』の絵柄がファーストクラス、『橘』がエコノミークラスの前方、『もみじ』が後方コンパートメントといった具合である。スケジュール表に『き』の表示があれば着物担当で、出社前に借り出し、乗務の間中持ち歩かなければならない。機内で着替えるのが大変で、ファーストクラスでは離陸してすぐ着物に着替えるのであるが、狭いお手洗いの中で十五分位で着替え、サービスに加わる。ファーストクラス担当の女性パーサーにチェックしてもらうのであるが、遅いと叱られ、綺麗に着ていないと着直さなければならなかった。夏は絽の着物であり、静電気でまとわり付いてキャビンを歩くのが大変だった。その着物もしばらくするとセパレーツタイプになり、機内に搭載された。そのサービスも時代の流れの中で廃止された。

（注）この当時、ファーストクラスとエコノミークラスのみ

当時のスチュワーデスの研修風景

でビジネスクラスはなかった。

［4］人生を4つの軸で表現――山本和孝さんの年表

では、自分史の具体例を今度は自分史年表とともに紹介してみる。

最初の例は、山本和孝さん（62歳）のもの。山本さんは法政大学経営学部を1969年に卒業する前、林周二『流通革命』（中公新書）の影響を強く受けて、流通業界に身を投じた。東光ストア（現在の東急ストア）に入社。企画調査部長、人事部長、雑貨部長などを歴任。湘南店長を経由して、取締役までつとめた。子会社の東光ドラッグの社長を2年間つとめたところで退任。

107〜106ページの図に示すように、山本さんの年表は、4つの軸から成り立っている。「その年毎の主な出来事」と「よのなかのヒト・コト」が社会一般の出来事。「半径5M以内の人達」が家族、先生、友人など個人的に深い関係にあった人々との間に起きた出来事。そして「私ごとですが」が、個人史のメモである。このうちで「半径5M以内の人達」というのは、山本さん独特のカテゴリーだが、面白いコンセプトだと思う。人間にはそれぞれの文化によって特有の（あるいはその個人によって特有の）、「他者を許容できる近接距離」というのがあって、その距離内に他者が近づこうとすると、思わず身を引いて、相手との距離をその距離以上に保とうとするものである。反対に必要以上にその距離をとろうとすると、人づきあいの悪い、よそよそしい人間と見られたりする。

この距離感覚は、個々人によって、また生まれ育った文化によって、著しくちがうもので、それをテーマとして書かれた、文化人類学上有名な学術書（エドワード・ホール『かくれた次元』みすず書房）もある。日本人は、挨拶をするにしても、直接の肉体的接触を避けて、ちょっと離れて頭を下げあう程度にするのが普通で、欧米人のように、互いに抱きついてハグしあったり、頬ずりしあったり、接吻しあったりなどはしないのが普通だ。

そういう文化圏において、5メートル以内というのは、どういう距離感かというと、「顔認識、表情認識、ことばによるコミュニケーションが簡単に成立する空間」といえるだろう。幼稚園、小学校などでの「小教室的コミュニケーション」が成立する空間といってもいいかもしれない。人間関係でいえば、家族ないしは、「家族的親しみをもって接しあえる相手との共有空間」といった感覚だろうか。第3章で詳しく述べる「人間関係クラスターマップ」を作るときに、各時代で自分といちばん親しく

自分史のための年表　　その2

その年毎の主な出来事	よのなかのヒト・コト	半径5M以内の人達	私ごとですが
1962年　高校入学 ・ケネディ、キューバ海上封鎖 （キューバ危機） ・橋幸夫・吉永小百合 （「いつでも夢を」）	ケネディ大統領 吉永小百合		東京都立松原高等学校入学。 教師は皆変人ばかりだった。
1965年　大学入学 ・小田実「ベ平連」を結成 加山雄三 「君といつまでも」	小田実		法政大学経営学部入学。 初めての授業で教授から君はベトナム戦争に賛成か？反対か？ と尋ねられた。
1966年 ・中国文化大革命始まる。	毛沢東	当時新宿駅西口に現れたフォークゲリラ	
1969年　社会人に ・東大安田講堂攻防戦 ・佐藤栄作首相訪米 三年後の沖縄返還合意 ・「男はつらいよ」 映画第一作上映	佐藤栄作 「男はつらいよ」	山本社長 	㈱東光ストア入社、面接試験で商売の神様と呼ばれた山本宗二社長に痛めつけられ完全にノックアウト。
1970年　結婚 ・日本の人口一億人を突破 （1967年） ・日航「よど号」事件 ・大阪万博開催 ・菅原洋一「今日でお別れ」	太陽の塔 菅原洋一		
1988年店長就任			念願の湘南東急SCの店長になる。 そこで先輩店長から聞いた誰にも言えない店長の仕事とは？

※※山本さんの実際の年表には「よのなかのヒト・コト」欄に著名人の写真が入っていて、楽しいつくりになっているが、肖像権上の問題から割愛している。

2008.4/29
山本和孝

自分史のための年表　　その1

その年毎の主な出来事	よのなかのヒト・コト	半径5M以内の人達	私ごとですが
1946年　誕生 ・天皇人間宣言 ・「はたちの青春」上映（最初の接吻映画） **1951年　父 病死** **1953年　小学校入学** ・衆議院バカヤロー解散（吉田茂首相） **1954年** ・「七人の侍」上映	同じ年生まれの有名人 大原麗子 ビル・クリントン 吉田茂 三船敏郎 （「七人の侍」）	父　重一  母かめこ　右側  筆者５歳 	福岡県博多市で生まれる。 父は埼玉県出身で西日本新聞の政治部記者。 ちょっと変わり者だったらしい。 母は長崎県出身で看護婦であった。 父の死で埼玉県の叔父夫婦に引き取られる。 小学校入学、即１年間休学する。
1955年　転校東京へ ・第二次鳩山内閣成立 ・トニー谷の長男誘拐される。 ・「夫婦善哉」上映	トニー谷 「夫婦善哉」	母  自画像  「母子通信」 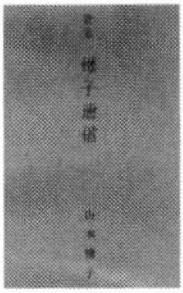	東京都新宿区立淀橋第三小学校に３年生で転校する。 母と子実質は子供たち３人だけの生活が始まる。 母と子供たちの連絡ノート「母子通信」も始まる。

※授業の初期の段階で山本さんが作成した年表。最初はこのぐらいのものを目指すとよいだろう。

していた人間をまとめて入れておくべき「最近接クラスター」の人々といってもいいかもしれない。どう名前を付けるにせよ、どんな人にも、いつでも何でもしゃべりあえる仲の人がいるものだが、そういう仲の人との共有空間といっていいだろう。

山本さんの年表は、自分で描いたイラストと、各種画像資料を駆使してのコラージュがなかなかうまくできていて、簡略ながら、全体がよく見渡せて楽しめる年表になっている。

母親との連絡ノート〝母子通信〟

山本さんの父は西日本新聞の政治部の記者だったが、33歳の若さで急逝した。母親は当時31歳の看護婦だったが、早婚であったため、父が死んだとき、すでに二男一女をもうけていた。はじめ子供たちは埼玉県の叔父夫婦に引き取られて育てられたが、山本さんが小学3年のときに、母親は新宿の病院勤務になり、昼間の勤務と夜の勤務をダブルで引き受けて、目いっぱい稼ぐことで一家4人が一つ家で暮らせるようになった。

しかし、母親は家のことがほとんどできなくなったので、当時13歳の長女が、母親代わりになって食事を作ったり、弟たち（11歳、9歳）の面倒を見たりするようになった。母親が子供たちとのコミュニケーションを充分取れなかったので、子供一人一人との間に連絡ノートを作り、「母子通信」と名付けた。この連絡ノートが今日にいたるまでちゃんと保存されていた。それが山本さんの自分史に、母親の似顔絵とともにところどころ引用されており、自分史を生き生きとさせている。

「九月一日」母より　和孝君へ
この前のノート自分の名前、字がまちがっていましたよ。「和考」って誰のことかしら？　あなたは字が上手なので正しく書いて下さいね。

映画は楽しかったようでよかったですね、学校からゆくのは、いつでも行ってよいですよ。この手紙のなかに四百四十円入れておきましょうね。

連絡ノートには、長女の東代（はるよ）さんと母との間の、次のようなやりとりも記録されている。

山本さんが描いた母親の似顔絵

「九月六日」東代より

今日の晩は、てんぷらにしました。いかとおさつ（さつまいも）とえびとねぎで計四十五円でした。

「九月六日」母より

おもいがけず、東代さんの手料理でてんぷらをいただき、おいしくたべました。ずいぶん上手に出来ましたね。学校で習ったのですか？

上手に出来て本当にうれしいと思いました。お母さんがいなくても大丈夫ですね。だけど、天ぷらをするときは、くれぐれも火に気をつけて下さい。

山本さんは母に抱かれている

イカとサツマイモとエビとネギの天ぷら４人前が45円でできたということで、当時の物価事情がわかるだろう。１９５５年、終戦から10年目のことである。

長男亜細雄君（山本さんの兄）に対しては次のような注意も。

亜細雄君へ
三人に通じますが手拭いが汚れたのは困ります。目をこすったりしてトラホームにでもなったら大変よ。

　ここにはさみこまれているのは、山本さん一家の昭和22（1947）年撮影の写真だ。山本さんが、「難民みたいな恰好だ」という注記を入れているが、本当に難民みたいだ。わたしも同時代の人間だから、このような難民みたいな写真が家にもあるし、学校の記念写真の中にもある。他の受講生の作品の中にも似たものがいくつかあった。あの頃は、日本人みんなが難民みたいな生活をしていたのである。
　このように、当時の生資料、生写真を見つけだすことができれば、それをそのまま転用することで、自分史のリアリティを何倍も高めた記録とすることができる。

ベトナム戦争と学生運動

　山本さんの自分史のもう少し先のほう、大学に入ったあたりのところが、この時代の大学の空気を活写していて、実に面白い。
　セカンドステージ大学には、いろいろな年齢層の学生が混在しているが、いちばん多いのは、60代の団塊の世代である。団塊の世代は、いわゆるベビーブーマーの世代である。日本でもアメリカでも戦争が終わって出征していた兵士たちが帰国して一斉に子づくりにはげんだ結果として、1946～47年ごろから出生数がドドッと増えた。他の世代の1・5倍から2倍くらいに増えて団子状になった（だから団塊の世代といわれる）。そのため、この世代が通過するたびに大きな社会変化が起きた。学校では教室が足りなくなって二部制の授業。大学に進学するときは受験競争。大学では学生運動、学園紛争、全共闘の世代ということになる。そのあと大学を出て就職の時代になると激しい就職競争がはじまった。そのあたりの社会の空気の変化を知るために、山本さんの自分史から、もうちょっと引いてみる。

昭和四十年四月、法政大学経営学部に入学する。同期には、後にプロ野球で活躍する田淵幸一、山本浩二がいた。

受講する内容がきまり、いよいよ授業開始になる。最初の授業は会計学である。講義の冒頭より教授から生徒への質問が始まる。

「君たちはベトナム戦争に反対か？　賛成か？」

次の心理学の授業も、

「ベトナム戦争の是非について意見を述べよ」

英語の時間もベトナム戦争についての質問。授業科目の半分以上がこの質問である。

また、授業の最中に突然数人の生徒が立ち上がって大声で叫ぶ。「我々はー、帝国主義的○○は絶対に認めない」。○○はなにか政治用語なのか？　よく聴き取れない。すると教授も授業を中断してこれに応える。「君たちのような○○の○○は……」これも我々新入生には理解不能な言語が飛び交う。授業の間中この論戦が終了時間になっても続いている。

同じ一年生で、講義で一緒になり高校時代の話をしたり、食事をしたりした仲間が突然学校に来なくなった。病気になったのかと心配していると三ヵ月後に突然教室の外で「ベトナム戦争反対」のビラをまいている。「吉本くん、何しているの？」と声をかけると、軽蔑したような顔つきでこちらをジロッとにらみつけている。

この年の四月、作家の小田実が中心となって略称「べ平連」（「ベトナムに平和を！　市民連合」）が発足している。

山本さんは、ノンポリ派であったため、学園紛争などにまきこまれず、むしろ、授業を通して知った「流通革命」の流れに刺激を受けて、卒業後は、スーパーマーケットの世界に入っていった。ここではその流れを追っていくが、セカンドステージ大学の学生の中には、熱心に学生運動に参加した人たちも少なからずいる。それについてはまたあとで章を改めて述べることにして、ここでは、流通革命について述べる。

流通革命とは、当時の日本の小売業を支配してきた昔ながらの問屋、卸（おろし）、仲卸、対面販売の小売業という構造の伝統的流通機構全体をぶちこわして、スーパーマーケットというセルフサービス方式の大店舗での大量仕入れと安さを武器とする大量販売によって、伝統的小売業を根こそぎにしていった現象である。

流通革命はいまなお進行中で、スーパーに次いではコンビニと総称される小店舗のチェーン店網がまた新しい流通革命を起こして今日にいたっているわけだが、それについて詳しくは、その最初期の担い手になった人の自分史がこのあとに登場してくるので、そちらにゆずることにする。

団塊の世代は、この流通革命を起こしたいろんな業種の企業に入ってその先兵となるとともに、家庭人としては旺盛な消費者となってこの流通革命の、大衆レベルの下からの支え手にもなった。

入社面接で〝商売の神様〟にシゴかれる

学生時代この流通革命のコンセプトに出会い、それに魅せられて、就職先としてスーパーマーケットを選んだ山本さんの自分史の就職前後のところを読むと、この時代の空気が実によくわかる。

（大学紛争で）騒然とした学内の雰囲気のなかで、この騒動に一線を画して、淡々と講義を続ける教授陣がいた。東洋大学経営学部教授の川崎進一さんもそのひとりだった。川崎教授は法政大学で「スーパーマーケット論」の講義を担当された。

その講義のなかで、アメリカのチェーンストアの実態、日本のダイエー、西友ストアの台頭を教え、我々に「今、日本の経済界に流通革命が進行している。君たちもこの業界に飛び込んで流通を劇的に変化させてみてはどうか」と何度も繰り返しチェーンストアの可能性について述べられた。

そして我々に一冊の本を紹介する。

林周二著『流通革命』がその一冊である。そこには日本の流通の非効率な実情、アメリカのチェーンストアの効率的な姿が紹介されていた。この一篇の本に魅せられてスーパーマーケットに就職することになる。

東光ストア（現在の東急ストア）に入社して二十数年後、川崎教授と話す機会に恵まれた。

「私は新聞記者になるつもりでしたが、先生の授業を聞いてスーパーに就職しました。新聞記者になっていたらその後は政界に入って大臣を狙っていたかもしれません。先生のおかげで大臣になりそこなったようです」と申しあげたら、川崎教授はうれしそうに声をあげて大笑いされた。

四月、大学四年、就職活動の開始である。現在のようにインターネットもなく会社情報と言えば学生同士の情報交換、川崎教授の講義の中で知った数社の会社名だけがたよりの心細いものだった。

五月、東光ストアの面接があった。会場の奥正面に会社側面接官五名が並び、受験生は反対側に五名が座る。面接開始である。

「それでは一番の方から、当社への志望動機を述べてください」

「ハイ、スーパーマーケットは成長期で、その中で、東急グループの一員である御社は安定して成長する会社ということで受験いたしました」

トップバッターの学生の模範解答。文句なしである。二番手、三番手の受験生も同様の模範解答が続く。（よし、この線で自分も回答してみようと考えていた）その時、三番手の受験生に大声で質問が飛んできた。

「そうじゃない！　安定した会社なんか世の中に千社も二千社もあるじゃないか。そのなかで、何故当社を選んだのかそれを聞いているんだ」

面接官の中の真ん中に座った、一番怖そうなオジサンのいらだったような声。

三番手の学生は絶句したまま答えられない。ふかーい、くらーい沈黙が続く。

三番手、撃沈された模様。

「次の方、志望動機を述べてください」

態勢を立て直す時間も与えられず、私の出番がきた。（模範解答はマズイんだよなー）

「えー、大学で川崎進一教授のスーパーマーケット論の講義を受けてスーパーに興味を持ちました」

オジサン又もや発言。

「それは流通業に対する志望動機だネ。私が聞いているのは当社への志望動機だよ」

この辺で完全に頭は真っ白、「えーと、えーと、京王線の桜上水に住んでいまして、渋谷はとても近いので……」

「君は家の近所で働きたいのか？　他に動機はないのかネ」

ここで他の面接官から「落ち着いて自分の思っていることをゆっくり話しなさい」と助け舟のようなコメントが出た。しかしすでにこちらとしては大混乱しており、考えがまとまらない。

「えー、先輩が大手のダイエーや西友より東光ストアの方が入り易いんじゃないかと言っていたもので」。支離滅裂の回答。

「君は当社が二流だから入り易いと思って受けたのかネ」

しどろもどろの受験生とけんか腰の面接官。まるで警察の取り調べ室のような雰囲気のまま、私の面接は終わった。

後でわかるのだが会社側の質問の主は山本宗二社長だった。山本宗二氏は伊勢丹の基礎を創り、「商売の神様」と呼ばれた人で、東急グループの総帥、五島昇氏が三顧の礼をもってグループへ迎え入れた名経営者であった。当時は東急百貨店副社長と東光ストアの社長を兼務していた。

面接終了後、五人の受験生は控室へ戻って会話を交わす。

「あれはイジメだよね」

「そうそう」

「あんな質問にキチンと答えられる奴なんかいないいんじゃない」

「たぶんいないネ」

「でも俺達落ちたかもね」

「そうね、次、探そうよ」。落ちこぼれ五人組解散。

一週間後、合格通知が届く。間違いかと思い、確認の電話を入れたが本当に受かったらしい。当時、法政大学の就職指導課は一社に合格したら、他の会社は受験しないように指導していたので、私の就職活動はこの一社で決定した。最初で最後の就職活動体験である。

［5］人生の充実度をグラフで表現――松本哲夫さんの年表

もう一つ紹介しておきたい独特の年表が松本哲夫さん（仮名・63歳）の年表である

（129ページからノンブル逆順に122ページまでを参照）。

松本さんの年表で面白いのは、「人生の充実度」を示す長い長い折れ線グラフがあって、その頃の自分の人生が、好調だったか、不調だったか、絶好調だったか、絶不調だったかが、一目でわかるようになっていることである。

このグラフを見ていくだけでは、それが何を意味しているのかよくわからないが、松本さんの自分史の本文と照らし合わせて読んでいくと、ナルホドとわかってくる。この人の人生は本当に浮き沈みが激しくあって、大きく上がってほとんど天井を突くような状態が長く続いたり、反対に落ちこんで落ちこんで地を這うような状態を長く続けたりするのだ。

松本さんの年表のもう一つ独特な作りは、好調不調のグラフに合わせて、「人間の成長発達の視点で見た自己分析」という欄があることだ。そこを読んでいくと、なぜそのような浮き沈みがあったかがわかってくる。

なぜこのような不思議な構成になっているのかが、「まえがき」を読むとわかってくる。松本さんの父親は、戦争直後の苦労が多い生活の中で、結核に倒れ、52歳で亡くなっている。そのとき松本さんは中学1年生。父の死の衝撃がきわめて大きく、それ以来、「人生五十年」の言葉が頭に焼きつき、若いうちは、「人生五十年」と思って、人生設計を立てていた。ところがいつの間にか、日本人の寿命が延びたせいか、自分は父親が死んだ年である52歳を越えていた。その頃から、それ以後の自分の人生を第二の人生と考え、それをどのように生きていくかを考えつつ生活するようになった。そのような折も折、社内で大きな人事異動があり、松本さんは、社内に新しく設けられた「キャリアアドバイザ」という専門職につくことになった。松本さんの不思議な構成の年表はそのときの経験から思いついたものだという。

この独特の年表を書いた松本哲夫さんは、大学の電気工学科を出て、大手メーカーに入り、デジタルデータ通信装置の開発（従来のアナログ伝送技術によるデータ通信からデジタル伝送技術によるデータ通信へ転換しようとしていた時期だった）から出発して、データ通信用ＬＳＩの開発など、ずっと技術畑で働いてきた人である。ＬＳＩ技術の利用がメモリーやプロセッサ以外でも可能になりはじめると、それまでＩＣとメモリーで作っていたデータ通信装置のＬＳＩ化開発が大きな仕事となる。そしてそれまで海外メーカー品に負けていたデータ通信用ＬＳＩの世界で、海外メーカー品を凌駕する国産ＬＳＩを作った。その成果の一部は、海外向けに出版された「日本の研究や新技術」を紹介する書籍にも取り上げられるなど、注目を集めた。そのおかげもあって、主任になるのも早かったし、課長になるのも同期でトップだった。年表の

	2005（H17）～
ザの時代）	60歳～（退職。年金生活者）

られることになり、その担当に異動する 理論等、今までとはまったく異なる学問領域に属す 自然科学との違いに戸惑うが、すぐに新しいことを 会社員生活の中で、一番学んだ時期となる 書をする なので、多くのことを、自分を含めたチームで主体 を獲得。仲間と新機能立ち上げに奔走。仕事の醍醐 を心がけるようになる の生活になる している社会人向け講座に参加するようになる 職する	●自営業者になり、 少し仕事をする ●ワークライフ バランスのとれた生活をする ●立教セカンド ステージ大学に入学
した○○年」が続く ーター等） 退職年齢が近付き、定年後の過ごし方に世の中の注	
どうが、すぐに気持ちを切り替える なかった能力の開発を行うことの楽しさを知る。 着いた行動特性を変えることの難しさも味わう の経験と結びつけることに、関心が高まる とは全く違う難しさを持った、自分にとっては難し 人の成長を支援する仕事に充実感を覚えることはで 上手にリーダーシップを発揮できるようになる が、概念的なことを理解する力はまだまだあること	

～	2002（H14）～
の時代）	57歳～（キャリアアドバ
術職を離れて、スタッフ部門の企画担当部長になる 独創性を発揮しやすい業務で、モチベーションが高まる。若 にバリバリ仕事をする ットや携帯電話の急拡大で、チャレンジャブルな企画が続く 仕事にもポジティブに取り組む。年齢の割には長時間労働 た てきて、定年後のことを考え始める 影、ジョギング、仏像めぐり等、趣味にも力を入れ始める いて、部下無しの専門職になる	●社内に新しい機能が作 ●心理学全般、キャリア ることを学ぶ。最初は 学ぶ楽しさに目覚める ●今までにないほどの読 ●新規の業務の立ち上げ 的に決める自由と責任 味を味わう ●ワークライフバランス ●子供が独立。夫婦2人 ●いろいろな大学が開催 ●新業務を3年やって退
会の動きに積極的に目を向けるようになる ームが起こる ーネット）が拡大を始める フィス・ホームオフィスが話題となる 世の中浮かれるも、ほどなくITバブルの崩壊 期到来	●バブル崩壊後の「失わ ●若者の就職問題（フリ ●多くの企業で構造改革 ●第一次ベビーブームの 目が集まる
の進め方において、自律性・主体性の発揮をより強く意識する に富んだ上司や専門性の高い部下に囲まれて、多くの知的刺激 造性を発揮する楽しさを味わう ない企画アイテムもあり、自分の能力の限界を感じる 無くなっていったが、自分の強みを伸ばそうという上昇志向は た シーを高め仕事の進め方を改善する。周りの人に頼っていたこ 出来るようになる。IT化時代に相応しい仕事の進め方（思考の できるようになる	●新しい仕事に一瞬とま ●今までほとんど使って 一方で、長い間に身に ●新しい学びを、今まで ●今までの仕事の難しさ い仕事だった。でも、 きた ●専門家の集まりの中で ●記憶力は低下している を実感する

1982（S57）～	1993（H5）
（技術部門の管理職の時代）	（技術スタッフ
●同期のトップをきって、課長に昇格 ●しばらくするとLSI化プロジェクトは終了となる ●新たにいくつかのプロジェクトを担当 そのうちの一つのソフトウェア化のプロジェクトマネジメントが難航。過労により心身の調子は最低となる ●専門家の支援を得てようやく苦境を脱出 ●部長昇格では後輩にも追い抜かれ始める ●自分もなんとか昇格。少し元気が出てくる ●技術部門の部長職を4年続けることができた	●ラインの技 ●自分自身の い頃と同様 ●インターネ ●どのような をやってい ●定年が見え ●風景写真撮 ●定年が近づ
●仕事に追われて、社会の動きに目がいかず ●部長昇格後、漸く社会の動きに目が行くようになる ●ベルリンの壁崩壊	●仕事柄、社 ●携帯電話ブ ●IT（インタ ●スモールオ ●ITバブルで ●就職超氷河
●この頃は上昇志向・出世願望が強かったので、仕事上の失敗や昇格で遅れたことのショックは大きく、また長く尾を引いた ●失敗しながら能力開発をやった形となった ●今考えると、管理職としての能力の開発という点では、すなわち会社人生活を続けていくという点では、この期間の学びは大いに役立った ●この期間は常に過労状態。心身ともに、限度ぎりぎりまでいく。でも、この期間の後半になると、自分でブレーキをかけることが出来るようになっていた	●自分の仕事 ようになる ●革新的思考 を受ける ●チームで創 ●答えを出せ ●出世願望は 維持してい ●情報リテラ とを自分で 進め方）が

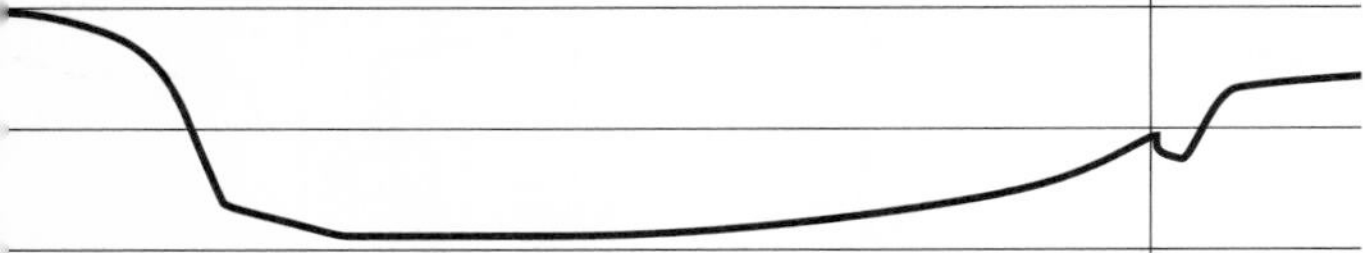

〈松本哲夫さんの自分史年表（社会人〜セカンドステージ）〉

年代	1968（S43）〜
年齢 自分史上の区分	22歳〜（技術者の時代）
人生の充実度	高 低
エピソード イベント	●技術者としてメーカーに就職。配属先は「社会の役に立つ開発をしたい」という希望に沿うものだった ●業務多忙で残業続く。春闘で大幅ベースアップ。本格的に稼げるようになった喜びを味わう ●入社後4年目、設計者として一本立ち。本格的な設計の仕事を担当するようになる。データ通信のディジタル化の開発に携わる。設計に没頭する ●結婚する。仕事よりも家庭を大事にしたホンの一時期があった ●長女、長男、生まれる ●データ通信のディジタル化開発が完了すると、そのLSI化がスタート。主任としてその開発マネジメントを担当するようになる ●チャレンジャブルな開発で、途中難航するも開発に成功
世界の出来事とその影響の仕方 自分に影響を与えた日本	●大阪万博 ⇒仕事で何回も万博会場に出張 ●春闘は全般に大幅ベースアップ ⇒自分もその恩恵に浴する ●ドルショック発生。多くの企業で経営が悪化。勤務先も一時帰休、残業禁止などの対策を行う ⇒自分自身は、長時間労働でダウン寸前だったので、心身の休養に丁度良いタイミングであった ●石油危機から狂乱物価が発生 ⇒個人の生活への影響大
発達の視点で見た自己分析 人間の成長	●今から考えると高給労働者だった。特に最初の数年は ●初めて本格的に担当した設計業務に夢中になった ●仕事中毒人間だった。年中、寝不足・運動不足で、体から発するエネルギーはどんどん減少していった。それでも、仕事に夢中になっていた ●形は出来ていたが（背広は着ていたが）真の社会人にはなっていなかった ●ドルショックを契機に、日常定期的に運動するようになり、体調は少し改善 ●結婚して、生活も改善し、元気を取り戻す ●開発マネジメントを担当するようになって、再び、仕事人間に戻っていった

	1964（S39）～
	18歳～（大学時代）
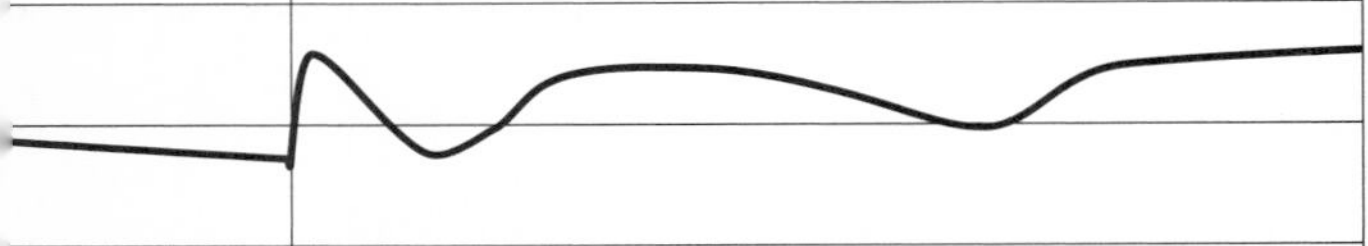	
系クラスに入る 活を知る。資本を 豊かになる必須条 格が自分にとって をする なる	●目標の国立大学に合格、電気工学科にすすむ ●五月病？　最初の一年は勉強に今ひとつ力が入らない ●夏休み：トルストイ「戦争と平和」全巻を読む。大学生期間全般で、社会派の小説の読書量多い ●ほどほどに勉強をする ●学部卒で就職。少しでも早く、自分で稼ぐようになりたかった
したような生活と られた オ・新聞で知る。 ルに見られたこと	●新幹線開通、東京オリンピック。高度成長期 ⇒理工系に進んだ自分の将来にも夢が広がる ●マラソンのアベベを直接見る ⇒哲学的な顔つきが印象に残る ●ベトナム反戦運動、学生運動盛ん ⇒心情的には応援したい気持ちがあったが、将来のことを考え、行動せず
生活 いた	●実際に多様な体験を重ねるよりも、読書を通じた疑似体験での成長〔自分の成長にとって良かった面と、そうではない面と双方あり〕 ●大学生らしい、自由奔放さは無かった ●交友関係も広がらず ●運動にも遊びにも、熱中したもの無し ●本来モラトリアム期間であるべきこの期間が、充分にはそのようになっていなかったとも思う

	1961（S36）〜
	15歳〜（高校時代）
異なり、一挙に成績優秀層に入る。 母子家庭となる。母の少ない収入に 学が得意 館に住み込みアルバイト。下足番、 みもでる	●都立高校進学。世間で知られた進学校だった。 ●サッカー部に入るが、体力が続かず、一年で退 ●冬休みは模型問屋でアルバイト。単純労働者の 持っていない自分は、ホワイトカラーになるの 件と考えるようになる ●国立大学合格に賭けて、受験勉強に専念。現役 大学進学の唯一の道だった。四当五落に近い生 ●勉強以外の学校内イベントをサボる我儘な生徒
合理、政治に関心を持つ る人が出てくる一方で、まずしいま の中に疑問を持つ	●所得倍増計画（1960年） ●日本は技術立国を目指していた ⇒数学の得意だった自分も、自然と理系を志望 ●映画：ウエストサイド物語ヒット ⇒チケットを貰ったので見に行く。自分の押し のギャップの大きさにショックを受ける ●ケネディ暗殺が初の日米間テレビ衛星中継で伝 ⇒勿論、我が家にテレビは無く、このことをラ ケネディ暗殺そのものよりも、それが日本でリ に驚く
いけないと言う覚悟だけは出来る った環境におかれた	●最初の一年は勉強と運動の両立を狙ったまとも ●高校生活後半は勉強のみの偏った生活 ●今考えると、色々と偏った考え方、行動を採っ ●体格は、身長はあったが、ひょろひょろ ●“青春の活気”にあふれた生活とは程遠かった

）～	1958（S33）～
学生時代）	12歳～（中学時代）
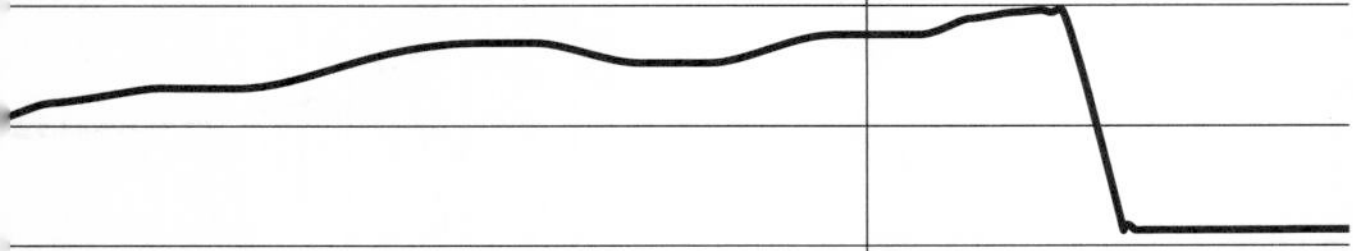	
入学 小学校生活を満喫する 林間、臨海の校外活動等 意。一方で国語は苦手 本では中位 泳が体力にも自信を持つ 跳び箱は苦手だった で入院、生活がだんだんと苦しくなる 中学受験があったわけではないが、帰宅後も懸命に勉 うになる	●中学校進学、小学生時代とは 学級委員などにも選ばれる ●父の死 ●母と妹2人、男は自分だけの 頼った貧しい生活が始まる ●気象、天文に興味を持つ。数 ●夏休み、1ヵ月間軽井沢の旅 庭掃除などをする ●勉強、日頃の生活には中だる
白宗谷、南極へ。科学への関心を刺激される	●第一次安保闘争。世の中の不 ●復興が進み、豊かな生活をす まの人も残っていた ⇒貧富の差の拡大している世
は、スポーツや遊びで熱中することを学んだ 泳などで、先生やクラスメートから認められ、自信を ずっと太め、何時も日焼けしていた に必要な基本的行動特性を身につけた 強する習慣が身につく 中することの充実感を知る	●父の死でしっかりしなければ ●人間の成長と言う意味では偏 ●良い子を演じる。反抗を抑圧

〈松本哲夫さんの自分史年表（誕生～大学生時代）〉

年代	1945（S20）～	1952（S
年齢 自分史上の区分	0歳～（生まれ～幼児期）	6歳～（小
人生の充実度	高 ↕ 低	
エピソード イベント	●1945年 疎開中に母の実家で生まれる 父は5男で、東京に出てきて勤めていた 母は普通の農家の娘だった ●生まれて1年後上京、ようやく父と一緒の生活が始まる ●3歳：一冬の間、伯母の家に預けられる （このあたりまでは記憶には無く、後で知ったこと） ●東京にも多くあった、空き地で遊びに熱中した	●小学校に ●恵まれた 頻繁な、 ●算数が得 成績は全 ●3kmの道 一方で、 ●父が結核 ●小学6年 強するよ
世界の出来事とその影響の仕方 自分に影響を与えた日本	●東京大空襲で父母の住んでいたあたり一面、焼け落ちる。そして、敗戦 ⇒父は東京でバラック暮らし、自分と母は、母の実家で暮らす ●戦後の物資不足の時代 ⇒東京の父は食糧不足で大変だったが、母は実家で畑を貸してもらって、野菜を作ったので、食料には困らなくてすんだようだ ●戦後復興期	●南極観測
発達の視点で見た自己分析 人間の成長	●家族から喜ばれた誕生 ●母が農作業の間、私は紐で畑の横の木の幹に繋がれ、一人で遊んでいたとのこと。孤独に耐えられる性格が出来る一つの要因だった？ ●健康であった ●貧しい生活であったが、家族一緒に、普通に愛情を与えられて育った ●甘やかされもせず、厳しすぎることもなく、しつけられた	●低学年で ●算数、水 持った ●体格はち ●集団活動 ●自分で勉 ●物事に集

グラフでは絶好調の時代が続き、「ＬＳＩ化がスタート。主任としてその開発マネジメントを担当するようになる」「チャレンジャブルな開発で、途中難航するも開発に成功」などの記述があるのはその時代である。

しかし、順調だったのはここまでで、その後、仕事の上の失敗が続き、同期や後輩にまで追い抜かれ、課長には真っ先になったのに、部長にはなかなか昇格できなかった。

「課長を丸７年やってようやく部長に昇格」

「早い人は課長を４年やって部長に昇格した。自分と同時に課長に昇格した同期の二人は勿論、後輩が先に部長に昇格するようになった。これはやはりショックだった。もはや部長昇格は難しいかもしれないと思い始めて丸７年経ったとき、ようやく部長に昇格できた」

松本さんの年表を見ていくと、「人生の充実度」の欄に、この間の浮き沈みが折れ線グラフになって示されている。ＬＳＩの開発に成功して技術者として脂がのっていたときは、グラフもずっと天井状態にあるが、仕事がうまくいかなくなると、グラフも急降下している。

年表には、

「ソフトウェア化のプロジェクトマネジメントが難航。過労により心身の調子は最低となる」「専門家の支援を得て、ようやく苦境を脱出」とある。

そのあたり、「自分史」の本文部分にもう少し詳しい解説がある。

同期のトップをきって課長になったものの、通信用LSIのプロジェクトが終わると、その後大きな失敗が続いた。そのうち最大の失敗は、ソフトウェアの開発失敗であった。

この頃、データ通信分野のハードウェア開発に新しい潮流が出てきた。それはハードのソフトウェア化である。半導体技術の進展で、ハード本体の中に小型のプロセッサとソフトウェアを組み込んで、高度な機能を実現できるようになった。その開発になぜ失敗したのか。

このような時代の流れから、自分もソフトウェア開発に取り組むようになった。しかし、いざ開発を始めると、プロジェクトが予定の日程よりおくれる、出来た

部分も試験をすると目標の性能が出ない等の問題が次から次へと出た。このように問題が出始めると、私はソフト経験が少なく、本格的なソフトのスキルを保有していないために、課題解決のリーダーシップが上手く取れない。担当者と相談していろいろと対処をするが、目の前の問題は解決するものの、別のところで新たな問題を引き起こすなど、努力しても進まない泥沼状態に陥ってしまった。

実は松本さんが大学で学んだことは、もっぱらハードウェア技術であって、ソフトウェアについてはほとんど学んでいなかった。若手技術者時代にスキルを磨いたのもハードウェア設計であり、ソフトウェア技術の体系的知識が欠けていた。そのウィークポイントがモロに出てしまったのだ。

結局、このソフトウェア開発のマネージメントをソフトの専門家にお願いして、新しい体制で、やっと進むようになり、大幅遅れで完了に行き着いた。

開発マネージメントとして、最大の失敗である。

仕事上の行き詰まりを冷静に自己分析

松本さんの自分史の面白いところは、この箇所にかぎらず、自分の失敗を明けっぴろげに書き、その失敗を綿密に自己分析するところにある。この場合の自己分析は、ソフトに対する知識が充分でなかったために、開発がトラブったときに、問題解決のリーダーシップがうまくとれなかった点にあるとした。

さらに踏み込んだ分析をすると、実は、課長になる前に、会社から適性検査を受けさせられており、その際に「リーダーシップに問題がある」という指摘を受けていた。それなのにその指摘をあまり重要と考えず、LSIプロジェクトがうまくいったのだから、それなりのリーダーシップがあるはずだ、くらいに安易に考えていたことがよくなかったという。

問題の適性検査結果は次のようなものであった。

性格分析は6項目について5段階評価がされていた。

思索性は5（かなり優れている）、決断力は4（ややある）。

社交性と意欲は3（ふつう）。

一方で、強靱(きょうじん)性と統率性は2（やや劣る）と指摘された。

知的適応性（理解力、論理思考力、思考の柔軟性）は5（かなり富む）と高く評価されている。

管理職指向か専門職指向かでは、管理職指向は3、専門職指向は4と、専門職指向のほうが高く出ていた。

総合コメントで、リーダーシップの課題を指摘された。

この検査結果は、自分でも「このとおりだ。当たっている」と思ったそうである。しかし、さして深くは考えず、その評価用紙を、そのままファイルに綴じこんでしまった。自分史を書くにあたって、自室で資料探しをした際に、このファイルが出てきた。それが出てきたおかげで、自分史のこの項目を書くことができた。

結局、失敗の第一原因は、ソフトウェアに関する基礎知識が欠けていたにもかかわらず、「わずかのソフトウェア経験から、ソフトウェアについても何とかマネージメントできるだろうと安易に考えてしまったこと」にあるとした。そして、第二原因は、この自分の能力不足を補うのに、適切な人の援助を得る努力をしなかったことにある、とした。そしてその原因はLSIプロジェクトの成功体験にあったのではないかという。

通信用LSIプロジェクトは全社的に認知されていた重要プロジェクトで、自分が何もしなくても、全社的支援があった。

それに対して失敗したソフトウェア化プロジェクトは、自分自身が動かなければバックアップは得られないプロジェクトであった。自分自身で広く関係者を巻き込んで、プロジェクトの体制作りをやらなければならなかった。当然直ぐに理解が得られるようなプロジェクトではなかったので、辛抱強くやらなければだめだろう。そのような交渉力、強靭性は自分のポイントとして高く無く、そのようなことを苦手としていた。結局、根拠の無い自信だけで、自分でどんどんやり始めてしまったのである。

適性テストにあった「強靭性はやや劣る」という性格の弱さがここにあらわれてしまったということなのだ。

その後もしばらくは仕事が上手くいかないことが続いた。同じようなマネージメントをやっていたのだから当然といえば当然である。そしてだんだんと自信を失っていった。

暫くの間、仕事で結果を出せない時期が続いた。

プロジェクトの失敗のあとも、一生懸命仕事をしているものの、成果には繋がらない状況が続いた。

その頃のことで、今も覚えていることがある。

あるとき、お客さんにお願いすることがあって、資料を作って出かけ、話をしたら、「松本さん、先週その話聴きました」と言われてしまった。頭の中で「え！」と思った。会社に戻って机を調べると、引き出しの奥のほうから、同じような資料がもう一つ出てきた。それと一緒に、自分が作った資料だが、作ったことを忘れてしまっていた資料もいくつか出てきた。

やった仕事をすぐに忘れてしまって、同じことを繰り返すというようなことをやってしまっていたのだった。このとき、一瞬「自分はどうなってしまったのか」と思った。

課長、部長と続いた11年間の技術部門管理職時代を松本さんはこう総括している。

「技術部門の管理職の時代」の総括

技術課長、技術部長としてトータル11年間を過ごした。その時、最先端技術として経験したLSI化やハードウェアのソフトウェア化は、40年近く経った現在もデジタル製品開発の主要技術である。自分自身についてこの11年間を振り返ると「仕事を通じて成長した時代」といってよいだろう。

大まかに言えば最初の半分は失敗を重ね続けたが、後半の半分で上手くやれるようになっていった。管理職はもともと自分の適性に合っていなかった。でも会社はチャンスをくれたし、自分もキャリアアップの視点でやりたいと思った。失敗続きの間、よく管理職として使い続けてくれたと思う。

そして今考えると、失敗を沢山した分多く学べたと思う。この失敗の期間があったからこそ、そのあとのキャリアの展開が上手くいったとも考えられる。

「キャリアアドバイザ」職で復活を果たす

この最後のところの「そのあとのキャリアの展開」というのは、現場の技術職を離れて、本部直属のスタッフ部門（商品企画担当部長）になったことと、さらにその後のキャリアアドバイザという職についたことを指す。

まず現場の技術職を外れたことについては、こう書いている。

スタッフへの異動通知を受け取って感じたこと。

最初に感じたのは「終わった。寂しい」ということであった。自分の担当製品、自分のお客さんがなくなってしまった。自分で製品を開発することがなくなるのは、入社以来、新製品開発一筋でやってきた身には寂しかったし、お客さんのところに打ち合わせに行くことがなくなるのもやはり寂しいものであった。

しかし一番寂しく感じたことは、自分でものづくりをすることがなくなるということであった。技術者になったのも、この会社を選んだのも、新しいことを生み出す魅力に惹かれたからである。これからの仕事が人と人の間の調整、部門と部門の調整が主になると考えると、創造的仕事からは離れるだろうと思って、寂しく感じた。

結局、松本さんは、ラインの管理職としての部長を4年弱やった後、ラインを離れて技術スタッフとしての部長職についた。

年表で「スタッフ部門の企画担当部長になる」「自分自身の独創性を発揮しやすい

業務で、モチベーションが高まる。若い頃と同様にバリバリ仕事をする」とある部分がそれである。ラインから外れたことは寂しかったが、自分の性格により合うスタッフの仕事についたことが、いい結果をもたらしたわけだ。全体的充実度のグラフを見ても、課長職、ライン部長職の時代にはモチベーションが大きく下がっていたのに、ラインを離れると、グラフは大きく上向きに転じている。職種が自分の性格に合うものになったため、バリバリ仕事をして業績もあげ、満56歳まで結構長く（合計9年間）同じポジションで働くことができた。しかし定年が近づいたところで、「56歳で部下なしの立場」になってしまう。再びモチベーションがグッと下がったところで、上司から思いもよらぬ異動通知を受けた。

２００２年のある日、上司の部屋に呼ばれ、「今度、社員のキャリア支援の為、社内にキャリアアドバイザという専門職を置くことになった。それをやってもらう」と内示を受けた。

キャリアアドバイザといってもはじめて聞く役割名で、どんな仕事なのか分からない。このようなミッションですと文書を見せられたが、読んでも実感が湧かない。

この部分は、年表のほうがわかりやすい。

●社内に新しい機能が作られることになり、その担当に異動する

●心理学全般、キャリア理論等、今までとはまったく異なる学問領域に属することを学ぶ。最初は自然科学との違いに戸惑うが、すぐに新しいことを学ぶ楽しさに目覚める。会社員生活の中で、一番学んだ時期となる

●仲間と新機能立ち上げに奔走。仕事の醍醐味を味わう

結局、松本さんは新しい環境を与えられ、チャレンジングな課題を与えられると、生き生きして、仕事の醍醐味を感じるというタイプの人間なのだ。

要するに、このキャリアアドバイザという仕事は、自分の今後のキャリアディベロップメントをどうしたらよいか迷っている社員に適切なアドバイスをするという、他人を支援する仕事なのである。はじめはワケがわからなかったが、自分がラインのキ

ャリアにおいて失敗が多かったせいもあってか、他人がなぜうまくいっていないのかがよく見えた。それが見えれば、適切なアドバイスを与えることができ、この「他人を助ける仕事」がうまくいくようになった。そしてついに「仕事の醍醐味を味わう」といえるまでになったのである。

「自分史年表を書いてもらう」のが仕事に

実はこの仕事の中で、松本さんは自分で「自分史年表」を書いたり、キャリア研修の受講者にそれを書いてもらったりというようなことをするようになった。ここでそういう経験を積んだことが生きてきて、このような独特の年表が生まれたのである。松本さんの自分史の「まえがき」には次のようにある。

57歳のときに社内に新設された「キャリアアドバイザ職」という専門職に就いた。その仕事の中で、これからのキャリアのことを考えるためのひとつの手段として今までのキャリア（人生）を振り返るということをよく行っていた。生まれてから今までの数十年の自分の出来事を思い出すのである。そのために、社会の大きな出来事を書いた年表を使い、それを参考にしながら自分に起きた出来事を年表の形で書いていくのである。これをキャリアアドバイズの世界ではライフラインチャートと呼んでいた。

自分でも自分自身のライフラインチャートを書いた。しかしそれは数ページ程度のボリュームで、自分に起きた出来事の項目を並べたものに過ぎなかった。その一つ一つの掘り下げは充分ではなかった。今までの人生をしっかり振り返るには、自分史と言えるレベルのものを書く必要があった。だからいつかは自分史を書いてみたいと思っていた。

そして自分の「自分史」の最後に、「自分史作りは楽しい」として、松本さんは次のように書いている。

自分史を書き始めて直ぐに、文章を書くことは楽しいことだと実感した。自分自身のことだから、書くことが決まればどんどん書き進むことが出来る。事柄の詳細は自分で分かっている。自分の為に書くのだからモチベーションは上がっている。書きたいことが湧き出てくるのである。パソコンのキーボード入力のスピードで文章が書けるのである。ほぼブラインドタッチが出来るようになっていたことが大変有り難いと思った。
文章の修正が容易なことが更に作業を後押ししてくれる。書きあがった文章を見て、追加したい、修正したい、カットしたい、何でも簡単に出来る。手書きで原稿を作る人は大変であろう。

そして、自分史というものを分析して、次のように書いている。

自分史を書き始めた当初は、自分史作成とは「自分の過去というものがある。それを思い出して書く」ことだと思っていた。
しかし、書いたものを読み直していると「ちょっと違うかもしれない」と思われてきたりする。全く別のことをやっていて、ふと「今の自分史は充分ではない」と思いついたりする。特に起こった事柄が変わるのではなく、そのときのことを思い出している自分の気持ちが変わってきたり、その事柄に対する見方が変わったりするのである。それで書き直したり、修正をかけたりする。このようにして、１週間、２週間経つと、書かれた自分史はちょっと違ってきているのである。最初に書いた自分史は、１～２週間前の自分が見た自分の過去、書き直した自分史は今の自分が見た過去。どちらもそれなりの事実に即した自分である。でも今の自分からの見え方は変わってきているのである。

こうやって考えてくると、自分史作りとは、ただ単に自分の過去を書くことだけではない。自分の過去が今の自分から見てどのように見えるのか。更に言えば、今の自分から見て過去を見直し、どのように見え方が違ってきたかを含めて書くのが、自分史作成である。

今自分は63歳である。63歳の自分から見た過去を書いている。10年経って、73歳になったときに、もう一度自分史を書き直してみたい。そのとき、63歳以前がどのように見えるか、63歳のとき見たものと、73歳のときに見たものがどれだけ違ってくるか、興味あるところである。

わたし（立花）自身がいま73歳（２０１３年当時）であるせいか、この文章を読み、「そのとおりだ」（63歳で見えていたものと73歳になって見えてくるものとはちがう）と思った。そして松本さんがこれだけの文章を書けるようになったということは、わたしが自分史講座で求めていたことが、この人においてすべて達成されたことを意味すると思った。

［6］プロによる精緻な作業——柳沼正秀さんの年表

ここで、自分史年表のもう一つの作品例として紹介したいのが、柳沼正秀さん（60歳）の年表である。

153ページからノンブル逆順に146ページまでに示したのがそれである。現物はコンピュータで実に精緻（せいち）に仕上げられたもので、それを教室でパワーポイント化して示すと、感嘆の声があちこちから上がった。これはプロ級の作品だと思ったので、聞くと、本当にプロのキャリアをもつ人だった。

毎日新聞の仕事をしていた期間が長いから、出版物の編集はお手のもの。毎日新聞でも伝統的な新聞記者の仕事をしていた期間よりも、毎日新聞系列の関連会社「毎日コミュニケーションズ（現マイナビ）」で、コンピュータ関連の仕事をしてきた時間のほうが長い。コンピュータ関連の仕事の経験は実に豊富で、年表の「主なエピソード」欄に、「パソコン雑誌の企画創刊」「ゲーム雑誌を企画創刊」「ＷＳ（注・中型コンピュータ・ワークステーション）を使っての編集システム（ＤＴＰ）を構築」「社内大型コンピュータのダウンサイジングと社内イントラネットを構築」などの項目が

H4	H5	H6	H7	H8	H9	H10	H11	H12	H13	H14	H15	H16	H17	H18	H19	H20
1992	1993	1994	1995	1996	1997	1998	1999	2000	2001	2002	2003	2004	2005	2006	2007	2008
44	45	46	47	48	49	50	51	52	53	54	55	56	57	58	59	60

〈FP とキャリア設計は車の両輪〉
自分の経験からミドル世代のサラリーマンには、FP（ファイナンシャルプラン）とキャリアは不可分の関係。各企業に FP とキャリアをセットしたライフ・キャリアデザイン研修を提案

〈将棋を世界に普及させたい〉

週刊将棋を創刊後、世の中にPCが普及し始める。PCのソフトを作れば、初級者のトレーニングマシーンや日本だけでなく世界に将棋を普及できるのではないかと、パソコンの雑誌や通信ゲームの企画をはじめる

〈後半の人生設計を考え始める〉

40歳前後に学生時代の友人が相次いで亡くなることで、自分の後半人生を意識しはじめる。

これまでの人生を振り返ると、仕事の中に自分の自己実現の場があることを確認。生涯現役で働ける仕事、自分の適性も考えて、PCの取材で知ったFPで独立することを決意する

る

画創刊　●ゲーム雑誌を企画創刊
使っての編集システム（DTP）を構築
●社内大型コンピュータのダウンサイジングと社内イントラネットを構築
●50歳時以降は独立をしたいと40代半ばから独立の準備を始める

●50歳を契機に独立系FP事務所を開設する
●団塊の世代や中高年のサラリーマンを中心とした相談業務を開始する
●都内大塚に事務所（自宅）を移転
●FP関連書籍を数冊出版

S52	S53	S54	S55	S56	S57	S58	S59	S60	S61	S62	S63	S64/H1	H2	H3
1977	1978	1979	1980	1981	1982	1983	1984	1985	1986	1987	1988	1989	1990	1991
29	30	31	32	33	34	35	36	37	38	39	40	41	42	43

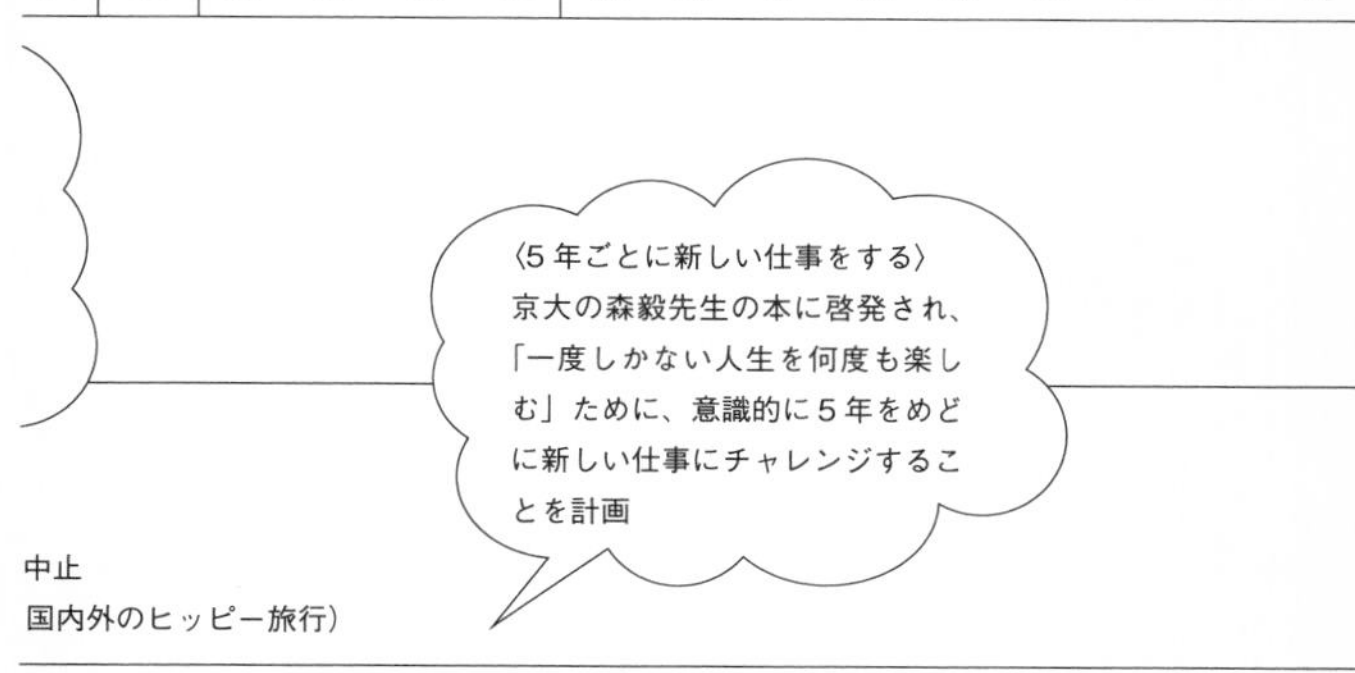

に入社
期海外留学を企画
●毎日新聞経営危機、新規事業出来ず1年間のロンドン留学を決める
●帰国後、編集局に配転を希望（静岡支局配属）
●日本坂トンネル事故運転手逮捕、静岡駅前ガス爆発事故、ブルーインパルス墜落などが起こ

●南米に移住計画中、毎日時代の上司の説得で毎コミに入社
●「週刊将棋」新聞を日本将棋連盟に企画提案、創刊
●パソコン雑誌の企
●WSを

S37	S38	S39	S40	S41	S42	S43	S44	S45	S46	S47	S48	S49	S50	S51
1962	1963	1964	1965	1966	1967	1968	1969	1970	1971	1972	1973	1974	1975	1976
14	15	16	17	18	19	20	21	22	23	24	25	26	27	28

(1) 社会の仕組みを勉強するため、大学入学時に１つの仕事を１ヵ月以上、30種類のアルバイトをすることを決める。
(2) 同時に、大学以降は親に頼らず自分で生計を立てることを決意

大宮に転校
は野球、陸上、テニス部

●高校のテニス部時代貧血で倒れ、
その後新聞部に入部

教えられる

た教育に疑問
けでなく、世
人生について
先生になるこ

●将棋部に入部
●社会経験を求めてアルバイトを30職種以上やることを決意
●インドへの留学を決めるが第3次印パ戦争勃発で
●卒業後１年間のフリー生活（在学中から

●ゴヤ展のアルバイトが契機で毎日新聞社
●海外出張を目論み短

こる

〈自分のやりたいことを仕事にする〉

数多くのアルバイト経験から、やりたい仕事があれば、自分から提案することが大切。できるだけ企画書を書くことを心掛ける

〈柳沼正秀さんの自分史年表（人生の主なエピソード）〉

年数															
和暦	S23	S24	S25	S26	S27	S28	S29	S30	S31	S32	S33	S34	S35	S3
西暦	1948	1949	1950	1951	1952	1953	1954	1955	1956	1957	1958	1959	1960	19
満年齢	0	1	2	3	4	5	6	7	8	9	10	11	12	1

主なエピソード

〈誕生から小・中・高校まで〉

●春日部市で出生　●春日部市で柳沼正六、ときの長男として出生

●魚・シジミ獲りで小遣稼ぎ　●魚・シジミ獲りで小遣稼ぎ　●小学５年生の時

●小学５年生の時に大宮に転校　●中学

●中学では野球、陸上、テニス部

●高校のテニス部時代貧血で倒れる

〈大学生時代〉

●将棋部に入部

●社会経験を求めてアルバイトを30職種以上やることを決意

●インドへの留学を決めるが第3次印パ戦争勃発で中止

●卒業後１年間のフリー生活（在学中から国内外のヒッピー旅行）

〈世の中のこと
先生になりたい
競争を前提に
をもち、勉強た
の中の仕組み
語れる中学校
とを夢見る

〈毎日新聞社時代〉

●ゴヤ展のアルバイトが契機で毎日新聞社に入社

●海外出張を目論み短期海外留学を企画

●毎日新聞経営危機、新規事業出来ず１年間のロンドン留学を決める

●帰国後、編集局に配転を希望（静岡支局配属）

●日本坂トンネル事故運転手逮捕、静岡駅前ガス爆発事故、ブルーインパルス墜落などが

〈毎日コミュニケーションズ時代〉

●南米に移住計画中、毎日時代の上司の説得で毎コミに入社

●「週刊将棋」新聞を日本将棋連盟に企画提案、創刊

●パソコン雑誌の企画創刊　●ゲーム雑誌を企画創刊

●ＷＳを使っての編集システム（DTP）を構築

●社内大型コンピュータのダウンサイジングと社内イントラネットを構築

●50歳以降は独立をしたいと40代半ばから独立の準備を始める

〈FPで独立後〉

●50歳を契機に独立系ＦＰ事務所を開設する

●団塊の世代や中高年のサラリーマンを中心とした相談業務を開始する

●都内大塚に事務所（自宅）を移転

●FP関連書籍を数冊出版

H4	H5	H6	H7	H8	H9	H10	H11	H12	H13	H14	H15	H16	H17	H18	H19	H20
992	1993	1994	1995	1996	1997	1998	1999	2000	2001	2002	2003	2004	2005	2006	2007	2008
44	45	46	47	48	49	50	51	52	53	54	55	56	57	58	59	60

→ ライフデザイン21事務所開設

ステム室長　総務部長　日本FP協会調査広報委員　日本FP協会倫理委員

就職情報広報業務部長　編集部長　日本FP協会東京支部副支部長

ステムを　ゲーム月刊誌を２誌創刊　「FP独立開業」本を出版　「定年退職後の資産設計の描き方」出版

よる将棋通信対戦
運用

所を取材　DCアドバイザー取得

AFP取得　国際資格CFPを取得　キャリアカウンセラー（CDA）取得

日本でのFPの先駆者との出会い
FP勉強会に参加、
FPのネットワークの構築
キャリアカウンセラー勉強会に参加

主設計を る		◇50歳時にFP で独立をする	生活設計・キャリア相談が ライフワークに

長女大学留学　妻勤続25年表彰　大塚に自宅兼事務所開設

経済崩壊
●地下鉄サリン事件
●阪神淡路大震災
●日本版金融ビッグバン発表
●介護保険制度創設
●米国同時多発テロ
●イラク戦争
●自衛隊イラク派兵
●日経平均１万円割れ
●小泉自民党衆院選挙圧勝
●民主党参院選勝利
本

→ 細川護熙　羽田孜　→ 村山富市　→ 橋本龍太郎 → 小渕恵三 → 森喜朗　小泉純一郎 → 安倍晋三　福田康夫

S52	S53	S54	S55	S56	S57	S58	S59	S60	S61	S62	S63	S64/H1	H2	H3
1977	1978	1979	1980	1981	1982	1983	1984	1985	1986	1987	1988	1989	1990	1991
29	30	31	32	33	34	35	36	37	38	39	40	41	42	43
▶	ロンドン留学	――――――→				毎日コミュニケーションズ ――――								

教育開発準備室　　週刊将棋部次長　　編集シ

編集局（静岡支局）　　出版部部長

人戦
聞に移籍　　甲子園で浜松商の取材・記者の目（静岡駅前ガス爆発）　　「週刊将棋」新聞創刊　　PC書籍発行　　PC月刊誌創刊　　DTPシ構築

毎日小中学生年鑑
独自取次ルート開拓　　テレビ解説で升田元名人の聞き手を務める　　写真でつづる将棋昭和史　　ファミコンにゲームを企画

英国の生涯教育を研究　　日本初のＦＰ事務
ム構築
る　南米に３ヵ月間ヒッチハイク旅行

（英国）　静岡支局安田デスク　　大山15世名人

◇英国流人生設計の出会い　　◇趣味の将棋新聞を創刊する　　◇後半の人考え始め

マンション購入　　マンション購入　　長女生徒会長　　長女国立中入学　　都下に戸建て住宅購入

ード事件　　●静岡駅前ガス爆発事故　　●プラザ合意（円高）　　●昭和天皇崩御　　●バブル
ー「団塊の世代」出版　　●ベルリンの壁崩壊
●日中平和友好条約締結　　●ブルーインパルス墜落　　●国鉄民営化　　●天安門事件　　●ソ連解
●東名日本坂トンネル事故　　●消費税導入

→　鈴木善幸 →　竹下登 →　宇野宗佑　宮沢喜一
大平正芳 →　中曽根康弘 ――――→　海部俊樹 →

S37	S38	S39	S40	S41	S42	S43	S44	S45	S46	S47	S48	S49	S50	S51
1962	1963	1964	1965	1966	1967	1968	1969	1970	1971	1972	1973	1974	1975	1976
14	15	16	17	18	19	20	21	22	23	24	25	26	27	28
立中	埼玉県立 春日部高			予備校	早稲田大学教育学部				フリー	毎日新聞社 ———				
3年生	1年生	2年生	3年生		1年生	2年生	3年生	4年生	毎日インターナショナル					(兼務)
テニス部	テニス部		新聞部		将棋部					英文毎日局 (毎日ウィークリー担当)		毎コミと共同企画 ・短期海外留学		
部を で創設			学校訪問		関東大学将棋 新人戦団体準優勝						関東学生ESS ディベート 大会を企画			将棋名 毎日新
						学生村・ 民宿の建替え 計画案作成			ゴヤ展 (アルバイト)			海外短期留学を 企画(英国・米 国に出張)		
					在学中社会を 知るためアルバイトを 38職以上やる				ゴヤ展で販売ノウハウ			電算・メールシステ 陳氏に商売の基本を叩き込まれ		
先生 松下先生 鷲山先生 佐々木先生						毎日新聞中村博彦氏 月山・竜さん			毎日新聞江口末人氏	毎日インター(陳氏)			マック鈴木氏	
中学校の先生に なりたい					◇社会勉強のため 30種類以上の アルバイトをする					◇5年ごとに 新しい仕事をする				
					早大闘争で大学がたびたび ロックアウトに									長女誕生
閣所得 画	●ケネディ大統領 暗殺	●東海道新幹線 開通 ●東京オリンピック開催		●ビートルズ来日 ●早稲田闘争 ●ベ平連運動広がる		●安田講堂事件		●大阪万博開催		●あさま山荘事件 ●沖縄返還				●ロッキ ●堺屋太
	●米国ベトナム戦争本格介入⇒⇒⇒⇒⇒⇒⇒⇒⇒⇒⇒⇒⇒⇒⇒⇒⇒												●サイゴン陥落	
——→		佐藤栄作 ——————→								田中角栄 ——→		三木武夫 ——→		福田赳夫

〈柳沼正秀さんの自分史年表（活動実績・財産・歴史的背景ほか）

区分	項目	S23	S24	S25	S26	S27	S28	S29	S30	S31	S32	S33	S34	S35	S3
年数	和暦	S23	S24	S25	S26	S27	S28	S29	S30	S31	S32	S33	S34	S35	S3
	西暦	1948	1949	1950	1951	1952	1953	1954	1955	1956	1957	1958	1959	1960	19
	満年齢	0	1	2	3	4	5	6	7	8	9	10	11	12	1
主な所属	学校・会社	春日部市で誕生						春日部市立粕壁小				大宮市立大砂土東小		大宮 大砂	
	学年・所属部課							1年生	2年生	3年生	4年生	5年生	6年生	1年生	2年生
												転校		野球部	陸上部
活動実績	具体的な活動・仕事														陸 3.
財産	〈能力の財産〉														
	〈人脈の財産〉							中山先生	草壁先生	遠藤先生		金子先生			八
人生の転機・節目															〈
参考記述欄															
歴史的背景		●1947年（昭和22年）日本国憲法施行 ●極東軍事裁判 ●朝鮮戦争勃発 ●サンフランシスコ講和条約 ●テレビ放送開始 ●街頭テレビ人気（プロレス） ●ソ連が人工衛星打上成 ●池田 倍増													
	歴代総理	片山哲 芦田均	吉田茂 →					鳩山一郎 →		石橋湛山 岸信介 →				池田勇人	

ならぶことでわかるように、この人のやってきたことは、並のパソコンユーザーのレベルではない。中型、大型のコンピュータを使って、全社的に共同使用される大きなコンピュータシステム全体を構築してしまうというたぐいの仕事をしてきたのだから、本当のプロなのである。

柳沼さんの自分史の第7章「新規事業の撤退とPC雑誌の創刊　40～43歳」には、次のような小見出しが並ぶ。

「日本でもパソコン市場が育ち始めた」
「最初はパソコンの解説書を出版」
「マックの解説書が順調に売れる」
「月刊誌THE123MAGAZINEを創刊」

柳沼さんは日本のパソコン時代の立ち上がり期（1980年代～90年代）に、いち早く、パソコン解説書やパソコン雑誌を自ら作りあげてそれを商売にしてきた人なのだ。日本のパソコン界の草分けの一人といってよい。

能力の財産と人脈の財産

柳沼さんの年表の作りで面白いのは、「財産」という項目を作り、そこに〈能力の財産〉〈人脈の財産〉という欄を設けていることだ。考えてみると、人の一生は生涯にわたって続く、「能力の開発過程」だ。なるほど、能力は人がもつことができるもっとも大切な財産だろう。

人の一生を「能力」という観点からたどり直してみると、前半生の学童・学生期は、学校教育、私的教育を通じて、いろいろな「能力」を開発拡大していく過程と見ることができる。成人となってからは、それら若いときに身に付けた能力を活用して、自分なりに生計を立てつつ、将来にそなえて、さらなる能力開発（ないしブラッシュアップ）に努める日々を送るというのが、能力開発から見た人生の縮図だろう。

自分の能力開発が充分ではなかった人でも、人脈があれば、人の能力を借りることができる（先の松本さんの場合は、人脈のなさからではなく、性格の問題として、「人の能力を借りる」ことがうまくできなかったことが失敗の原因）。というわけで、基本的には、人脈も財産にカウントできる。あるいは、人脈があれば自分の能力の発揮過程、利用過程でも、自分の能力を何倍増にもして有効活用することができる。つまり、人脈は、経済の世界でよく使われる概念である「レバレッジ」（てこ）装置として利用することができるのだ。

だから人脈も財産である。

柳沼さんが財産の項目で、〈能力〉と〈人脈〉の二つだけをあげ、一般に財産とされる物質的資産のたぐいを何一つあげていないところが面白い。たしかに「人脈」というのは、どの人の人生においても、もっとも大きな財産だ。

柳沼さんが自分史の中で「私の人生で一番影響を与えた人」と特筆している人（人脈）が、毎日新聞社の英文毎日の局長をしていた江口末人氏である。柳沼さんの「自分史」を読んでみると、結局、20代のはじめにこの人と出会ったことによって、柳沼さんの人生の新しいページが次々に開けていったことがわかる。

柳沼さんの自分史は、実は、他の人がスタート地点とする子供時代・少年時代のことをすべてスキップしている。自分史全体を「キャリア自分史」と名付けて、社会人となってからの自分に焦点をあてるという異例の構成になっている。

繰り返しになるが、自分史の書き方は基本的に自由である。定型にはめる必要はまったくない。自分がいいと思ったら、どのような書き方をしてもよい。

もっとも、柳沼さんの自分史に、子供時代、少年期の話がまるでないのかというとそうではない。自分史の本文のほうにはないが、丹念に見ていくと、自分史年表のほうには、エピソードを含めて子供時代に起きたことの書きこみがたくさんある。そこに目をつけると、この年表１枚に柳沼さんは自分史全体を押しこんだのだなとわかる。

柳沼さんの年表には細かな工夫がたくさんこらしてあって、年表１枚に自分の一生と日本の歴史と世界の歴史を押しこむためにどれほど苦労したかが年表のすみずみにあらわれている。しかしこれは、１枚の年表という点にこだわったからで、普通の人が普通の年表を作ろうというときに、無理に年表を１枚にすることにこだわる必要はまったくない。いくつかの主題別の年表を作って数枚にするほうが、むしろ一般的だし、そのほうがわかりやすいと思う。

柳沼さんのように、いろんな要素を織り込んで１枚の年表にする利点は、さまざまの相異なる要素の相互依存関係が一目でわかるということだろう。いずれにしても、いくつかの試し書きをやってみるとよい。

柳沼さんがこのような構成にしたのは、「子ども時代の記憶が断片的」で、時系列的につながった話として書くのは困難だったという事情もあるが、「自分が全身全霊をささげて、生きがいをもってやってきたのが仕事だった」のだから、仕事人間としての自分がいかに形成されたかを中心に書きたい、ということでそうなったと「はしがき」に書いている。

人生は「偶然の連続」が8割？

柳沼さんの自分史の本文部分をざっとながめておく。キャリアを中心にしたから、第1章は、「毎日新聞社入社までの経緯　22～24歳」となっている。そしてこの入社の経緯においても、途中のいくつかの人生の曲がり角での選択においても、先の江口氏から決定的影響を受けたことが書きこまれている。なるほど、この人が柳沼さんの人生にいちばん大きな影響を与えた人なのだなということがよくわかる。

自分史の「はしがき」で、柳沼さんは次のように書き、J．D．クランボルツの「計画的偶発性理論」を引きながら、「人生は思いがけない場面での思いがけない人との出会いによって人生の八割までが決定される」と述べている。それが8割以上かどうかには疑問があるが、人生はたしかに、思いがけない人との思いがけない出会いに満ち満ちている。そのような思いがけない出会いでその後の人生が大きく動かされる。柳沼さんにとって、そのいちばん大きなものが、就職前の江口氏との出会いだった。

改めて自分が歩んできたキャリアの足跡を振り返ってみて、つくづく「キャリア

は、予期しない偶然の出会いによって八割が形成される」ことを実感した。これは、最近、注目され始めたクランボルツ博士の「プランド・ハップンスタンス・セオリー」（計画的偶発性理論）という理論の中にある考え方である。

「変化の激しい時代では、キャリアは自分の思い描いたとおりに実現することは難しい。むしろ、現実に起きたことを受け止めて、その中で自分を磨いていくことのできる力が重要」「自分のほうから何かを仕掛けて予期せぬ出来事を作り出し、そこから自ら実体験して学習していく。そして次の手を打っていくことが重要」というのがその骨子。

自分のキャリアを書きながら、一つ一つの実感として納得をしながら自分史を書いた次第である。

〈能力の財産〉のところでリストのトップにあげられているのが、大学時代に「アルバイトを30職以上やる」という項目である。

自分史の第1章には、次のようにある。

大学入学時に決めていたことが二つあった。①三十職種以上のアルバイトをす

る、②卒業後、三〜四年は海外暮らしをすること。

社会を知るには、仕事を通じて体験することが早道だろうと考えたのと、数年間は日本以外の国に住みながら、外国人の暮らし方や考え方を学びたかったからだ。①の「三十職種のアルバイトをする」は、地下鉄工事の土木仕事からバナナの叩き売り、海の家の焼きそば販売、演歌歌手の助手、ロッテの工場でのチョコレート作り、スーパーの清掃作業などを経験。卒業時に数えてみたら、三十八職種のアルバイトをやっていた。社会経験と授業料稼ぎのためにやったアルバイトだったが、「どんな仕事でもやれる」という自信がついたのは確かだ。もう一方の外国暮らしは、数ヵ月のヒッピー旅行などを除けば残念ながら実現はできなかった（その後ずっと三十歳になって留学が実現することになる）。

実はわたしも、大学に入ったばかりの頃、アルバイトを毎日せっせとやっていた。週2回の家庭教師を2本と週1回を1本。計毎週5日の家庭教師をやった以外に、技術文献の翻訳をかなりやったし、後に「リクルート」になる、「大学新聞広告社」という学生が作った会社（リクルート事件で逮捕されたリクルート創業者の江副浩正氏はあの頃まだ大学生だった）で、大学新聞向け企業広告の広告取りの仕事をかなりやった。その他に大学事務室にあるアルバイト委員会の掲示板をしょっちゅう見に行っては、貼り出される臨時アルバイトの仕事にすぐ応募して、時間さえ合えば何でもやった。開店を3日後にひかえたスーパーマーケットの陳列棚の組み立て作業なんてのは、毎日クタクタになるまで働きづめだったし、順天堂大学病院では、薬物の吸収能力を調べるための人体実験モデル（某教授が論文を仕上げるために一定数の人体実験を必要とした）という仕事もした。薬物を注射され、30分ごとに血液を採取され、その間運動したり、わざと激しい呼吸を一定時間続けたり、一定のメニューでいろんなことをさせられた。わたしの場合アルバイトは38種類まではいかなかったが、楽に20種類は超えていたと思う。

柳沼さんの場合、このアルバイト経験が後に大きくものをいうことになる。

美術展のアルバイトで大活躍

プー太郎生活の一年目の秋。毎日新聞のアルバイトをしているときに懇意になった英文毎日の田辺さんからゴヤ展の手伝いを依頼される。会場となっていた上野の国立西洋美術館で販売するゴヤ展のグッズの在庫管理などが主な業務だった。ヒッピー旅行から戻った直後で暇だったこともあって喜んで引き受けた。

通常、新聞社では、美術展などは事業部が担当するのだが、なぜか英字新聞を発行するセクションの英文毎日局が一部を担当していた。後で知ったのは、英文毎日は大正一一年四月に創刊された国内で最も伝統を誇る英字媒体だが、常に赤字体質との戦いの歴史でもあった。当時、営業部長になった江口末人氏（私の人生で一番影響を与えた人）は、赤字体質脱却のために、いろいろな事業に手を出していた。このゴヤ展もその一環だった。

西洋美術館で私が扱うものは、ゴヤの描いた「裸のマハ」、「着衣のマハ」のほか、銅版画（エッチング）などの額絵だった。絵だけのものが一枚百五十円、ミニ額に入ると八百円程度。

この額絵を販売するのは、西洋美術館の女性販売員。これが問題だった。土日になると、毎日一万〜二万人の入場者があり、連日二〜三時間待ちが当たり前だった。販売するカウンター前は常に購入する人だかりができていた。したがって、後ろを通る人は見本を見ることもできず、購入するには人垣を掻き分けてカウンターまで行かないと買えない状況だった。あまりにも混雑していたため購入するのを諦める人が続出した。それでも女性販売員は、黙々と絵を販売するだけ。見かねた私は、大きな声を出してカウンターから離れた人の注文を取り、販売を始めた。アルバイトで、バナナの叩き売りや祭りでのテキヤを経験した身には、大声を出すことは何でもなかった。

これは大きな販売チャンスを逃していると直感した私は、すぐに担当の田辺さんに提案。翌日からアルバイト仲間を五、六人投入。開館前に、売れ筋の「裸のマハ」と「着衣のマハ」の額絵などをセットにして準備、販売カウンターに数人のアルバイトがはいって大きな声を出して販売を開始したところ、一日五十万円程度だった売上げが一挙に倍以上の百万円以上に跳ね上がった。その後、ノウハウが積み上げられ一日三百万円を売り上げる日もでてきた。この勢いが影響したのか、額絵以外に用意をしていたグッズも売れ出した。

それ以降は、毎日の販売状況から翌日以降の販売数を推計して大阪の額縁業者に注文、結局京都展と合わせた四ヵ月間の売上げで数億円の売上げを達成することになる。

大学時代のアルバイト、「バナナの叩き売り」の経験がここで大きく役に立ったわけだ。それにしても4ヵ月で数億円の売上げというのはすごい。いまの金額でもすごいが、ゴヤ展があった昭和46（1971）年当時ならもっとすごい。わたしもこのゴヤ展に行って、「裸のマハ」「着衣のマハ」のセットを買った覚えがある。販売員の大量投入、セット販売の準備、毎日の販売量を推定しての事前注文などなどの打つ手打つ手がみな功を奏していったわけだ。柳沼さんの才覚がナミのものではないことがわかる。

この驚くべき成功によって、柳沼さんは、英文毎日の江口氏から、毎日新聞に入らないかと誘われた。

このときのゴヤ展の入場者からのアンケート（五十万通程度）は、その後リーダーズダイジェストと組んで、額入りの絵画の通信販売を行う事業に発展する（後の「毎日コミュニケーションズ」の美術部）。

英文毎日の江口氏から毎日新聞社への入社の誘いを受けたのは、このゴヤ展の京都展の打ち上げの席であった。ゴヤ展の京都展が終了したあと、江口氏から「今年、週刊の英字新聞を創刊するのでスタッフとして来ないか」と誘いを受けることになる。

当時は、ゴヤ展が終了した後に何をするかは決めていなかった。したがって、この申し出には少し戸惑った。何にも準備をしていない身としては、入社試験が苦痛ではあったが、「試験は六月にあるが、毎日、新聞を読んでいれば受かるから」と説得される。

英字週刊新聞の拡販で大成功

そして、編集職、営業職合わせて約30人募集（応募者2000人以上）の狭い枠を突破したところから、柳沼さんのキャリアは見事に花開いていくことになる。

柳沼さんの自分史の第2章は、「毎日ウィークリーの創刊　25〜29歳（1973〜1977）」。

私の最初の配属はMainichi Daily Newsを発行している英文毎日局。サラリーマン初の仕事は、創刊したばかりの「毎日ウィークリー」の拡張販売業務だった。

主なターゲットは、高校、大学生や若いOLなどの二十歳代の社会人。高校や大学に直接の営業を行ったことで、最盛期には二万部以上が高校などの副教材として採用される。競合紙には、ジャパンタイムズ社発行の「スチューデントタイムズ」（発行部数数万部程度）があったが、「毎日ウィークリー」は創刊二年半で倍以上の十六万部を超える発行部数を達成するなど、事業的には大成功を収める。

私は「毎日ウィークリー」創刊のために大阪から乗り込んできた江口部長一派と一緒に仕事をすることになる。与えられたミッションは、学生の販売部隊を編成し、翌年四月までに二万部を拡張（販売）すること。学生時代に「学生会」を組織してその幹部をやっていた私にとっては、容易なことだった。

ここに出てくる「学生会」なるものが、やはり柳沼さんの学生時代のアルバイト人脈そのものだった。

学生時代は、授業料や下宿代稼ぎと社会勉強を兼ねて多くのアルバイトをやっていたが、そのうちの一つが英字新聞の拡張だった。販売の対象は大学の新入生。合格発表や入学式の際、日本で一番古い英字新聞である「毎日デイリーニューズ」

（大正一一年創刊）を一ヵ月間だけ試読させるのが主な仕事だ。私のアルバイトの中でもこの収入は、欠かせないもので、三、四年生の時には二ヵ月で三十万〜四十万円を稼いでいた。当時の通常のアルバイトは日当八百円程度。授業料と生活費に使っても十分おつりが来る金額だった。

この学生会は、関東の主な大学の学生で構成され、毎年百人規模で活動していた。このうち中核を成していたリーダー役の二十数人とは、いまでも年に一回程度の飲み会をするなどの交流があり、その後の仕事上の強力な支援部隊ともなっている。

この学生会の組織が生きていたから、それをそのまま、「毎日デイリーニューズ」「毎日ウィークリー」の販売拡張に利用したのだ。それによって、与えられたミッション「二万部の拡張」はあっけなく達成された。

学生会は千代田区竹橋のパレスサイドビル内に事務局を置き、こちらは、従来の「毎日デイリーニューズ」の拡張グループと、「毎日ウィークリー」を拡張する二グループで編成。総数百五十人以上に膨れ上がった学生アルバイトを十人近くのリーダーが取り仕切る仕組みだ。

リーダーの十人は、すでに拡張経験二、三年のベテランばかり。ほとんど基本的な指示を出しておけば、期待通りの部数を上げる組織に育っていた。「毎日ウィークリー」の当面の目標部数は二万部。拡張の対象を大学生だけでなく高校の新入生に広げたところ部数が一挙にアップし、総数では軽く二万部を超えてしまった。

この間ずっと、柳沼さんは、有力幹部江口氏の子飼いの部下のような立場にあったから、通常のラインを離れて、好き勝手に仕事をしていた。しかし、会社という組織の中では、そういうスタイルの仕事が通用しないこともある。

最初から江口氏と仕事をしてきたこともあって、ほとんど上司には事後承諾で仕事をしてきた。

あるとき、郵送読者からのクレームが役員のところに寄せられた。内容は、「請求どおり払ったのにまた請求書が届いた」というクレーム。すぐに、上司と担当者の私が呼び出され、説明を求められた。私が請求システムの説明をしようとすると、上司が最初から「ご無理ごもっとも」とコメつきバッタのように謝り始めた。何を説明するでもなく、何も弁明すらせずにひたすら頭を下げるのみ。これにはさすがの私も口をあんぐりせざるを得なかった。

そして、上司は部屋に帰ってくるなり、私を会議室に連れて行き、「これで俺の点数が減点された。どうしてくれるんだ」と怒鳴り散らす有様。このとき、サラリーマンの本音と悲哀を見たような気がした。この上司を哀れとさえ思った。

まさしくサラリーマンの悲哀を感じさせるエピソードである。

「週刊将棋」発行の舞台裏

年表を見るとわかるが、柳沼さんには、もう一つのキャリアとして将棋がらみの仕事がある。柳沼さんは子供のときからの将棋ファンで、大学でも入学してすぐに、将棋部に入部しているくらいだ。その早稲田大学将棋部時代に、関東大学将棋新人戦（団体）で準優勝しているくらいだから、相当の腕なのである。その柳沼さんが、自分史の第6章を「週刊将棋の特別秘話　35〜39歳（1983〜1987）」として、次のように書いている。

「人生の十大事件として一番目に何を挙げるか」と問われれば、私は躊躇なく「週刊将棋の創刊」と答えるだろう。「好きなことを仕事にする」をモットーとしてきた私にとって、「週刊将棋」こそ、仕事の中に自己実現ができる場の最たるものだったからだ。

「週刊将棋」をはじめる直前まで柳沼さんは普通の新聞記者として、毎日新聞の静岡支局に勤めていた。新聞記者として、それなりに実績をあげていたが、新聞記者という職業にもう一つ心理的に乗りきれず、転職を考えていた。

三年間の支局勤務を通して幾多の経験が得られたし、大変面白かったのだが、最終的に記者職を続けることにあまり興味が持てなかった。実は、英国留学後の南米のヒッピー旅行が頭を離れず、四年間の支局勤務後は、国際協力機構（ＪＩＣＡ）での日本語派遣教師として、南米に行く計画を立てていたのだ。そのために、一年ほど前からあまりいい返事をしない妻を説得していた。

ここで再び登場するのが、毎日新聞入社のきっかけを作ってくれた江口末人氏である。

この状況は、元の上司でその後関連会社の毎日コミュニケーションズ（毎コミ）の代表になった江口末人氏が静岡に来たことで一変する。江口氏の来静岡の目的は、私の毎コミへの引き抜きだった。毎コミは私が毎日新聞社に入社した昭和四八年に創業後、就職情報、美術、出版事業、海外研修事業などを柱に順調に発展、従業員も百人（現在、マイナビグループで二千四百人の従業員が働いている）に達しようとしていた。江口氏は、私が毎日を辞めて海外に行くらしいとの噂を聞き、毎コミに来ないかと誘ってくれたのだ。

この誘いを受けて、柳沼さんは毎日新聞を辞めて、毎日コミュニケーションズへ移り、江口氏の直接の部下になってしまう。年表を見るとわかるが、それから15年間毎日コミュニケーションズに勤めたのが柳沼さんのサラリーマン生活のすべてで、そのあとは、ファイナンシャルプランナーとして独立して自分のオフィスを構えるにいたるのだから、柳沼さんの人生は本当に江口氏といちばん深い関係にあったということができる。

毎日コミュニケーションズに移って、新規事業として立ち上げたのが「週刊将棋」である。将棋人口は日本に約1000万人おり、日本でもっとも愛好者が多いゲームの一つだから新聞各社はそれぞれ独自のタイトル戦をもっており（全部で七大タイトル戦）、それを独占的に報道することで一定の読者をつかんでいた。その他に3つの月刊誌があって、それぞれ数万部が発行されていた（日本将棋連盟が出している「将棋世界」は10万部）。将棋ファンは、七大タイトル戦の結果を一刻も早く知りたいし、その刻々の戦いぶり（棋譜と解説）を知りたい。それなのに、自分のとっている新聞以外のところが主催しているタイトル戦の情報は、他紙には基本的に載らないし、月刊誌に掲載されるのも遅い（数ヵ月後）。将棋ファンにすれば、この遅さがたまらない。だから、その遅さを補うメディアがあれば、ぜひとも読みたいと思うはず。そういうメディアを作れば、必ず商売になるというのが「週刊将棋」の発想のもとだった。

問題は、そのメディアをどのように作り出すかだった。最大の「知りたいニュース」のターゲットは七大タイトル戦の進行過程そのものだが、七大タイトル戦はそれぞれにそれを主催するメディアが報道を独占している。要するにその独占状態をどうすれば切りくずすことができるのか。それを切りくずす唯一の可能性は、すべてのタイトル戦のもう一つの主催者である日本将棋連盟にある。日本将棋連盟そのものがその新しいメディアの作り手になってしまえばよいのだ。毎日コミュニケーションズはその協力者という形にすればよい。逆転の発想だった。まず当時の将棋界の全体の情勢を展望しておくと、こうだった。

当時の将棋界は、中原誠名人時代が七二年から八一年まで九年続いた後、八二年には加藤一二三名人、八三、八四年は谷川浩司名人と、数年ごとに名人が替わる将棋戦国時代に突入する気配を見せていた。創刊後の週刊将棋の紙面でも「谷川―田中（寅）の巌流島の決闘」など、その雰囲気を匂わせる見出しが躍った。

あとは、週刊将棋の企画を日本将棋連盟にどう持ち込むかだ。毎日新聞が主催している名人戦、王将戦以外のタイトル戦を扱うとなれば、毎日だけの問題で済む話ではない。どうしても日本将棋連盟の協力体制が不可欠の企画だ。私は、日本将棋連盟と各新聞社との関係がそれぞれ微妙な事情を抱えていることは承知していた。

最初に持ち込むところを間違えると、この企画自体が成立しなくなる恐れがある。最終的に、その適任者として考えたのが、将棋界のご意見番でもある加藤治郎名誉九段だった。

加藤九段は、当時では珍しい大学卒の棋士で、しかも早大卒だったから柳沼さんの先輩にあたる。加藤九段に相談すると、まずは、大山康晴・日本将棋連盟会長（当時）のところに話をもっていけということだった。

大山会長には、八月に開かれた毎日新聞の名人戦のパーティの席上で企画を話したところ、「わかりました。いつからできますか」と、非常に好感触が得られた。後でわかったことだが、大山会長は即断即決主義で、しかもせっかちでもあった。すぐに、大山会長が直接、毎日新聞社の山内社長に連絡をして打合せの段取りをしてくれたのも驚きだった。大山—山内会談で、週刊将棋は翌年（昭和五九年）一月の創刊が決まった。

創刊早々の大トラブルを切り抜ける

「週刊将棋」は、発行は日本将棋連盟で、編集室は将棋会館の地下。編集と販売は毎日新聞という形をとった。日本将棋連盟発行という形をとったから、七大タイトル戦を主催する他のメディアもすべて協力せざるをえなくなり、この企画はビジネスとしても大成功をおさめた。

しかし、スタートして間もなく、大事件がもちあがった。

昭和五九年一月二五日になんとか創刊号が出せてホッとしたのもつかの間、二号目が刷り上る土曜日の午後二時過ぎに、私が外出から戻ると、私の席に二号目の刷り出し見本紙が置いてあった。次の瞬間、一面の見出しを見た私の背筋が凍りついた。

見出しが「○○が○○を被る」とあるのだ。どう見ても「破る」とは見えない。念のため辞書で調べたが、もちろん「被る」にはそんな意味はない。すぐに編集に電話をすると、「しょうがない」という返事。冗談ではない、毎コミの発行であれば、謝って済むかもしれないが、週刊将棋は日本将棋連盟の発行の形態をとっている。このまま発行してしまえば、連盟の信用にキズがついてしまう。私はすぐさま五階のフロアーから二階のフロアーにある印刷局に駆けつけた。すでに現場の人は印刷を終えてほとんど残っていない。手短に状況を説明し、再印刷は可能かどうか尋ねた。たまたま、印刷技術関係の責任者がいて、すぐに状況を把握してくれることになった。私はその足で、印刷現場の人を呼び戻すために三階の食堂に走った。印刷服を着た人がまだ数人残っていた。大声で「緊急事態なのですぐに現場に戻ってほしい」旨伝えて、地下一階の発送部に走った。すでに週刊将棋を積んだトラック便は出た後だった。躊躇している時間はない。私は、独断で発送部の責任者にすぐにトラックに連絡をして引き返すよう要請した。

印刷の方では、再印刷を検討した結果、刷版はなんとかもう一度くらいは使えそうだという結論になった。この際コストは度外視し、印刷局に再印刷を頼んでなんとかこのピンチを切り抜けることができた。この間時間にして十〜二十分だろうか。このときはなぜか全ての指示を短時間に出すことができた。印刷、発送の人も全員協力体制をとってくれた。食堂に印刷の人が残っていてくれたことも幸運だった。あとで、印刷と発送の担当者から「土曜日のあの時間でよく再印刷と発送後のトラック便を止めることができた。まるで本紙の印刷でミスが出たときのように全員が動いてくれた」とそのときの感想を聞いたことがある。

この大ミス再印刷で100万円以上の損害を出したが、それ以上の信用を獲得した。

しかし、柳沼さんと毎コミの縁はそれほど長くは続かなかった。

50歳での転身・独立

年表にあるように、柳沼さんは50歳になったとき、毎日コミュニケーションズを辞め、ファイナンシャルプランナーとして独立して今日にいたっている。

ファイナンシャルプランナーというのは、ある程度まとまったお金がある人に、そのお金をどう有効活用して老後の生活設計を立てるかを考えてあげる人ということで、金銭信託銀行の相談係みたいなものだ。この職業、日本ではパソコンが広く使われるようになってから急速に広まった。パソコンで、いろんなファイナンシャルプランの試算と表示が簡単にできるようになったからだ。

毎日コミュニケーションズ時代、ＰＣ雑誌の取材で柳沼さんはパソコンを使って面白い商売をしている人たちを次々に訪ねて紹介していく中で、日本にはじめてできたファイナンシャルプランナーの事務所を訪問。それを取材して書くうちに、その仕事に魅せられて、自分自身がファイナンシャルプランナーになってしまったのである。

柳沼さんの年表の〈能力の財産〉の欄をずっと右にたどって行くと、41歳のところに「日本初のFP（注・ファイナンシャルプランナー）事務所を取材」とあるのがそれだ。さらにその右に行くと、46歳で「AFP取得」とあるが、これはファイナンシャルプランナーの普通資格を取得したということで、その右48歳のところに、「国際資格CFPを取得」とある。これは、日本ファイナンシャル・プランナーズ協会の正式上級資格（世界23ヵ国・地域で認められたプロ資格）を得たということで、あとはファイナンシャルプランナーとして独立して、自由に営業してよくなったということを意味する。

ファイナンシャルプランナーには、銀行、信託銀行、証券会社などに勤めたままファイナンシャルプランナーの仕事をする「企業系FP（インハウスFP）」と、独立して自分の事務所を構え、自由に顧客をとってFPの仕事をする「独立系FP」とがいる。柳沼さんは、50歳で毎日コミュニケーションズを退職して、「ライフデザイン

ファイナンシャルプランナーとして講演する柳沼さん

21」事務所を構えた。独立系ＦＰとなったわけだ。その後、柳沼さんはＦＰとして仕事を続けるとともにＦＰ関連の書籍を何冊も出版するなど、その世界ではちょっとした有名人になった。

立教セカンドステージ大学は、基本的にはサラリーマン生活をリタイアして入ってくる人が多いから、実は、それなりの私的資金をもった人が多い。ファイナンシャルプランナーがいれば、ちょっと相談してみたいと思う人が少なくないわけだ。そういう人で、私的に柳沼さんに相談に乗ってもらっていた人も少なからずいたようで、次に紹介する関守男さん（60歳）はその一人である。

セカンドステージ大学がはじまったのは、２００８年、リーマンショックが起きた年である。あのとき、世界中で株価が暴落したが、日本の日経平均株価も、1ヵ月あまりの間に1万２２１４円から６０００円台へと、26年ぶりの安値を記録した。セカンドステージ大学でも少なからぬ人が大損をこうむり、大学を辞めた人もいたと聞く。関さんは、その少し前から、柳沼さんのアドバイスを受けるようになり、投資資産の中身を大幅に組み換えていたおかげで、損害をほとんど受けなかったと聞く。

「いやあ、ほんとに命拾いしましたよ。柳沼さんにはどんなにお礼をいってもいい足りないぐらいです」と言っていた。

［7］ユニークな「車歴年表」——関守男さんの年表

ここから、その関さんの話に移る。関守男さんは大学（立正大学）を出て、最初に就職した先はセガ・エンタープライゼス（当時はもっぱら、ジュークボックスのリース業務の中心）だった。最初の配属先が総務部庶務課で、与えられた仕事が、営業社員1000人分の傷害保険リストを作成すること。英文タイプがもともとできる関さんにとってはこれはワケない仕事でアッという間に、1日分の仕事として与えられていたリストを昼までに仕上げてしまった。すると、午後、課長に呼びだされて注意を受けた。

課長「君ね、与えられた1日分の仕事を1日かけてやるのが、優秀なサラリーマンなのだよ」

課長のいうことは十分理解できました。というのも、和文タイプの女性担当者は、1日の大半を読書で過ごしているし、英文翻訳担当の男性は1日の半分は、うた寝している。そのような部門に配属されたということは、私も他の人と同じレベルと判断されたのか。あるいは変革の切り札に、というつもりでもあったのでしょうか。

ともかくその場は上司の指示に従うことにし、翌日からはスローペースで仕事に取り組んだのですが、午後2時迄(まで)持たすのが限度で、この状況を打開しようと決意するまで5年間続きました。

この会社のカルチャーになじめないでいるところに本屋の立ち読みで出会ったのが、その頃アメリカで流行りはじめた「コンビニエンス・ストア」。コンビニの出現によってアメリカでは流通革命がはじまっていたのだ。

山本和孝さんの自分史のところで、スーパーマーケットの出現による流通革命の話を紹介したが、それに続いたのがコンビニによるもう一つの流通革命だった。

セガでの5年間、気の抜けたような生活を続けていたことから、自分は何が得意で、何がしたいのか分からなくなっていました。

そんなある日、会社近くの本屋で「赤い背表紙」の本が目に留まりました。『躍進する新小売業の実態・コンビニエンス・ストア』という本でした。米国では「セブン－イレブン」という小さな店舗が、長時間営業、年中無休で急成長をしており、１９７３年に日本でもフランチャイズ展開を始めた、という内容でした。以前、新聞を見てコンビニエンス・ストアの存在は知っていたので、興味を惹かれましたが、本の価格が２５００円と高額で、興味だけでは購入できる金額ではなかった為、立ち読みで済ませることにしました。

翌朝、新聞の広告欄に目が留まりました。「セブン－イレブン」の社員募集広告でした。

興味をもったコンビニエンス・ストアの会社が、翌朝の新聞で社員を募集していたことに運命を感じるとともに、父の遺言である「お客さんが喜んで、そして現金で支払ってくれる商売」にも該当するのではないかという思いも加わり、さっそく「赤い背表紙の本」を購入し、熟読し、都内の店舗を見学し「条件を満たす会社」と確信し応募しました。

採用試験の日。私は無名の会社と思っていたのですが、入社試験には１５０名もの応募があり、国語と数学のテスト、性格適性テスト、そして面接を行い採用されたのは、思いがけずたったの2名だけでした。面接では「トイレの掃除できますか」といった質問で拍子抜けしていたので、どういう基準で選ばれたのか全くわからず、入社後の状況に不安が高まっていきました。

合格通知を受け賛成したのは妻だけで、母親と兄弟は全員が大反対でした。

いまでこそ、「コンビニエンス・ストア」は、誰でも知っている業態で、「セブン‐イレブン」は誰でも知っているお店だが、当時は、知っている人のほうが少なかったし、それが将来、日本の小売業界の地図をすべて書きかえるような可能性をもつ会社だなどと認識する人はほとんどいなかったのである。

当時、〝セブン‐イレブン〟はまだ〝セブン‐イレブン〟になっておらず、〝ヨークセブン〟と名乗っていた。関さんが入社した当時、まだ店舗は180店しかなかったが、自分史執筆時の2008年には、1万2000店と、66倍にも増えている。

その頃、セブン‐イレブン（ヨークセブン）は、まだできて間もない頃だったから、入社したといっても、入社式もなかった。

入社式も無く、同日入社の4名は応接室へ通されました。初日の予定は、午前中にガイダンス、午後は店舗回りと案内を受けていたのですが、そこに取締役秘書のYさんが現れ「これから千葉へ開店準備に行って下さい」と予定変更。そのまま全員千葉へ向かうことになりました。

最寄りの市ケ谷駅から総武線で3時間もかかって新店舗にたどりつくと、指示された仕事は、商品を棚にならべること。レイアウト表を見ながら品物をならべても、立ち会いの先輩社員から「商品が不ぞろい」などの叱責を受け、何度もやり直しをさせられた。結局終わって家に帰り着いたのは午前1時すぎ。それからも、毎日店舗実習などの過重労働が続き、はじめの1ヵ月間で、体重が8キロも減ったという。

徹底的に働いて日本を支えた団塊の世代

この頃、セブン‐イレブンはその名のとおり、朝7時から夜11時まで営業しており、関さんが研修で配属された直営店（当時は全国に数店舗、社員教育用としての直営店があった）では、2人の社員と10人のパート従業員で切りまわしていた。社員のほうは、2人が交代交代で、午後2時から11時までと、午前7時から午後4時までの勤務をこなしていた。しかし、ときどき「通し」といって、1人は休むが、もう1人が午後2時から翌日の午後11時まで連続で働くというきついスケジュールも発生していた。

「通し」の2日目は午前7時から午後11時迄、16時間以上の連続勤務となり、体はフラフラに疲れ、午後になると商品を落として割ったりするミスが必ず発生していました。しかし、それら困難を乗り越えることが、営業社員の登竜門となっていました。

店舗実習を6ヵ月間（3店舗）すませたところで、OFC（オペレーション・フィールド・カウンセラー＝店舗経営指導員）と呼ばれる、セブン‐イレブンの中核的営業マンに昇格した。これは受け持ち地区の担当店舗7〜8店をそれぞれ週2回以上訪問し、加盟店のオーナーに対して直接アドバイスする業務である。リアルタイムの商品発注・販売データを確認しながら、立地・客層にあわせた品揃えやロスの少ない発注のためのポイントなど、売上げ・利益を改善するためのあらゆる経営指導を行う。同時に、オーナーの意見や要望を本部の関係部署に伝えるなど、いわば本部と加盟店とのパイプ役でもある。当然ながら、本部と各店舗をつなぐOFCの下にはあらゆる問題が集まってきた。ＯＦＣはその問題解決に日々奔走するという忙しい日々を送ることになっていた。

営業の仕事は、担当店舗に週2回以上訪問し、お店の問題点を改善すると同時に、売上を把握し、仕入伝票を回収するのがメインの仕事でした。しかし、全ての仕事に問題が内在していました。

毎日訪問し伝票整理を催促する間に販売を手伝い、店の問題にも取組むという状況は、いつになっても止めることができませんでした。当然日曜日も無く、毎週月曜日の夜に上京し、火曜日は東京での会議に出席するという文字通り年中無休の日々でした。

私がＯＦＣになった当時（１９７７年～１９８２年）は8店舗を上限に担当し、各店舗へは週に最低2回の訪問が義務付けられていました。店舗へは自宅から直行し、勤務時間は午前9時から午後6時まで、業務終了後は自宅へ直帰しました。休日は原則として土曜と日曜でした。

しかし決まった仕事だけこなすにも時間が不足する状態であったことから、週に2日休むことは至難の業でした。当然、長期休暇の取得は不可能に近く、3連休を年に1回取得するのがやっとの状況でした。

本部の方針をオーナーさんの行動に結びつけるのは大変難しいことであると同時に、とてもやり甲斐のあることでした。近代的でトータルなシステムが正当に評価されたからこそ、お客様からの信頼を得ることができ、それがオーナーさんからの信頼にもつながり、現在のセブン－イレブンの成長につながっていると確信しています。そしてその成長の中心がOFCであったことも経験者として認識しており、その信念があったからこそ、半年も休みがなくても、何らの不満もなく仕事に取り組めたものと考えています。

関さんの自分史を読んでいると、この時代の団塊の世代は本当によく働いたものだと感心する。高度経済成長期の日本というのは、この世代の男たちのワーカホリック的バカ働きによって支えられていたのだなと思う。これは関さんだけでなく、セカンドステージ大学で、自分史を書いた人たち全員についていえることだ。

ある時代以降、団塊の世代のバカ働き全体をバカにするような風潮が蔓延し、今日の日本をダメにした元凶は、団塊の世代であるかのごとき発言をする人のほうが、若い世代にはカッコよく見えたりしているようだが、わたしは、団塊の世代の自分史をたくさん読んできた者としていえば、やはり、この人たちのがんばりがあったればこそ、今日の日本があるのだと思う。彼らに足らざる面がいろいろあったであろうことは否定しないが、あのもっとも日本が活性化していた時代を作ったのは、この人たちのガンバリズムそのものだったのだと思わずにはいられない。

さて、ここで関さんの年表の一部を191〜190ページに示すが、彼の年表で面白いのは、自分の車歴だけでなく、「家族の車歴」「妻の車歴」という形で一家の車歴が詳しく記されていることだ。だからその部分を紹介する。

関さんの父親は、「芝浦シャリング」という、車の部品、素材（鉄板）などを扱う会社を経営していた。そのため、関さんは子供のときから車に乗っていた。当然のことながら、子供のときから車好きになった関さんの記憶は、なにかにつけて車と強く結びつけられたものとなり、年表もこのような車歴と結びついたものとなったのだ。当然、自分史の本文も車と強く結びついている。

そのような豊かな家庭であったことから、私が生まれた時から家には外国製の自動車がありました。黒くて大きくドアの下にステップのついた米国製の自動車が私の最初に出会った車のようです。次は多分オペル、ドイツ製の白色の自動車でしたが、その時の母の言葉は今でも覚えています。「ベンツは乗り心地が硬くて嫌、オペルの方が好き」。

特に英国製のローバーは好みらしく3台も乗り換えました。

そういう育ち方をしたから、関さんの少年時代の夢は、「カーデザイナー」になることだった。

専門誌を読み、自分でもデザイン画を描いていましたが、１９６５年の秋、日産自動車主催のデザインコンテストを知り応募。残念ながら優勝は逃したものの二等賞を受賞し、港区芝にあるアメリカンクラブでの表彰式に出席しました。表彰式は平日の午

関さんが子供の頃に書いていたスケッチ

西暦	年齢	私の車歴	妻の車歴
1977	29	⇩	⑤ホンダZ
1978	30	⑥マツダRX7	⇩
1979	31	⑧ホンダアコード	⑦いすゞ117
1980	32	⇩	
1981	33	⑨日産ラングレー	⇩
1982	34	⑩ BMW512	
1983	35		
1984	36	⑪ホンダシティ	
1985	37		
1986	38		⇩
1987	39		⑫ BMW520
1988	40	⇩	⑬トーラスワゴン
1989	41	⑮ベンツEワゴン	⑭マツダペルソナ
1990	42		⑯モーリスミニ
1991	43		
1992	44		
1993	45		
1994	46		
1995	47		
1996	48	⇩	
1997	49	⑰ベンツEセダン	
1998	50		⇩
1999	51		⑱ VWゴルフ
2000	52	⑲トヨタカローラⅡ	
2001	53		
2002	54		
2003	55		
2004	56	⇩ ⇩	
2005	57	⑳ベンツCセダン	
2006	58		
2007	59		
2008	60	⇩	⇩

関守男さんの「車」年表（実際の自分史年表より一部を抜粋）

西暦	年齢	家族の車歴（記憶）	
1945	-3		
1946	-2		
1947	-1		
1948	0	フォード	
1949	1		
1950	2	オペル	
1951	3		
1952	4	ビッグ	
1953	5	ローバー	
1954	6		
1955	7		
1956	8		
1957	9		
1958	10		MG
1959	11		
1960	12		シボレー
1961	13	ローバー	ランドローバー
1962	14		
1963	15		モーリス
1964	16	プリムス	シボレーコルベア
1965	17	ダッジ	マツダルーチェ
1966	18	※以上は記憶にある車のみ	
1967	19	私の車歴	妻の車歴
1968	20	①マツダファミリア	
1969	21	↓	
1970	22	↓	
1971	23	②トヨタマークⅡ	
1972	24	↓	
1973	25	↓	
1974	26	③ホンダシビック	
1975	27	↓	
1976	28	④ホンダアコード	

後だったことから、高校に申し出て「早退扱い」で出席したところ、翌日の全校朝礼で発表されてしまい、学友からの質問攻めにあい、よりデザイナーの夢が膨らむ結果になりました。

作品は「日産チェリー」と名付けて応募したのですが、それから5年後の1970年9月になんと本当に「日産チェリー」という車が発売されたのです。私のデザインの特徴によく似たもので「もしかして参考にされたのでは！」との疑念は消えていません。

関さんの自分史には、ここで高校生の頃に描いていたデザイン画と後の「日産チェリー」の写真がならべられているが、なるほど、雰囲気は似ているが、ソックリとまではいえない。それより、車の名前「チェリー」のほうは、関さんの応募作品のものがパクられたといってもいいのではないだろうか。

第3章　なにを書くべきか

［1］たくさん書く、たくさん読む

第1章、第2章で、自分史の書き方について基本的なことは、すべて語ったつもりだ。あとは実践あるのみだと思う。つまり、自分で実際に自分史を書いてみろということだ。

その準備として他にもう少しやることがあるとすれば、いろいろな人が書いた自分史をもう少し読んでみてそれを参考にしろということである。

どんな人が書いた自分史でも、読んでみると必ず参考になるところがある。表現方法、上手な言いまわしなどの点で参考になる場合もあれば、「こういう書き方は嫌だな」「不愉快」「自分ならこういう表現はしない」などと思って、「反面教師的」な参考にする場合もあるだろう。いずれにしろ、人の「自分史」をたくさん読むことは、

「自分の自分史」を書く上で想像以上に役に立つのである。

本書でも、随時いろんな人の作例を紹介しつつここまで書いてきたが、それは必ずしも充分なものではない。もっともっといろんな作例を読んだほうがいい。本書でももっとたくさんの実例を引きたかったのだが、紙の本の場合、どうしても紙数の制限があるので、これ以上の引用は無理だった。先に述べたように、受講生の多くが、単行本一冊に匹敵するくらいの量の自分史を書いているから、引用しようと思うときりがなくなる。

そこで本書の場合、ＩＴ技術を利用して、紙の本プラスアルファ的な書籍作りを試みている。どういうことかというと、紙の本に収めきれなかった内容を電子テキストにして、講談社のウェブサイト内に作った、この本のページである『立花隆の自分史倶楽部(クラブ)』に置いてあるのである。読者は、自由にこのページにアクセスして、無料でそのコンテンツを読むことができる。

そこに具体的に何があるのかというと、この本ですでに部分引用している受講生たちの自分史のフルテキストを読むことができる。この本の中の引用はいずれもきわめて一部にすぎなかったということがわかってもらえるだろう。（２０１９年末時点ではページは閉鎖されています―編集部）

先に述べたように、実際の授業では、全受講生が自分史を提出した。この本に収められた自分史は、この本をまとめるにあたって、教材として自由に（あるいは部分的に）使ってもらって結構ですと了承してくれた人たちの作品から選んで使わせてもらったものである。

ここで密かに、わたしが心の中で温めているプランについて一言しておけば（これはあくまでわたしが心の中で温めているプランであって、講談社に正式に提案したわけでもないし、講談社側がなんらかの了解を与えたわけでもないから、以下に記すことはまったくの紙の上のプランである）、たぶん、この本を読み終える頃には、かなりの人が「よし自分も『自分史を書いてみよう』と思って、筆をとってみるはずである。そしてたぶんそのうちの多くの人が途中で挫折するはずである。

立教セカンドステージ大学のわたしの授業に参加した人たちの多くが、最後まで自分史を完成させるところまでいったのは、それが授業の正規のコースとして行われ、完成作品を提出しない者は単位をもらえないという心理的強制がかかっていたからだと思う。そして、毎週1回の授業があり、そこで「まず、こんなことをこんな風に書いてください」とか、「次はこのあたりのことを書いてください」といった指示が出たり、他の学生が書いたサンプルが次々にとりあげられて「ここはおかしい」とか、

「ここはいい」といったコメントが付け加えられていったりしたことが、いい刺激になって「ペースメーカー」的な役割を果たしていったからだと思う。

この本に書いたことを実行すれば、誰でもそれなりの自分史が書けるとは思うが、いざ書き出しても、刺激がないと、努力を持続させることはむずかしい。途中で挫折する人が多いはずというのは、そういう意味だ。せめて、「自分史を書くのは面白そう」と思った人々が同好会的に集まれるような場があると、途中挫折者を相当程度、くい止められるのではないかということで作ったのが、このウェブサイト『自分史倶楽部』であった。

この章では、もう少しちがう選択基準をもとに選んだ何編かの自分史を読んでもらいながら、これまでとはちがった角度から、自分史あるいは自分史を書くという行為について語り残したことを語っておきたい。そしてまた、これらの作例を選んだ理由についてはこれが上手に書けた模範作例ですということで選んだわけではない。それぞれ特別の理由があるから、以下簡単にそのようなコメントを付けながら紹介していく。

［2］それぞれの時代を反映した自分史の好例

まずは3人の自分史を読んでもらうことにする。

最初に紹介するのが、山崎綾子さんの「親子二代で書き上げた自分史」である。これは昭和戦前期に山崎さんのお母さんが書き始めようとしていた自分史を、娘の山崎さんが、その資料を受け継いで書き継ぐという形になったため、壮大な昭和庶民生活史を内に含む形になった作例である。いい自分史を書くためには、自分の周辺のどこかに転がっているにちがいない「自分史資料」を探してみるところからはじめるべきだという話は前にも書いたが、そのような大事な資料が本当に身近に転がっていたという好例である。

その次に読んでもらいたいと思っているのが、大塚眞理子さんの自分史である。これは「埼玉版　二十四の瞳」みたいな話で、実にほほえましい側面もあるが、それ以上に、この時代の、必ずしも恵まれない環境にあった（大学進学など夢の夢のありえない話だった）女の子が、ふとしたきっかけでゲットしたチャンスを生かして、またたく間に小学校教員となり、奮闘努力しているうちに、そんなことできっこないと思っていた「教職に就きながら二人の子供を産んで育てる」ということを現実に可能にしてしまった、お母さんの大奮戦記（これは本当にすごい）である。この大奮戦記が、育児休業獲得のための政治運動とピッタリ重なっていたことでもわかるように、日本社会における女性の地位向上はこの世代（戦後民主主義第一世代）の活動とピッタリ重なっていたのだということがよくわかる話になっている。

もう一つ、ぜひ読んでほしいのは、江渕繁男さん（61歳）の自分史だ。これはこの時代の典型的な、全共闘系の学生運動にシンパシーをもった世代の一つの生き方といっていいだろうと思う。全共闘時代のデモの現場に行って、ある程度過激な活動に手を触れかけるくらいのところまでいったけれども、就職の時期になるといちはやく身をひるがえして、興隆期にある日本の巨大企業の一角にもぐりこむ。そして、はじめは反発していた企業カルチャーに自分も次第に染め上げられていく。

それにともなって企業内でも着々成功をおさめていく。同時に、自分が身を寄せた企業は高度成長の波に乗って国際的ビッグカンパニーとして成功をおさめていく。そして自分がその一翼を担うことに喜びを感じていく。おそらく、全共闘運動にのっぴきならないところまで首を突っ込んで、足を抜こうにも抜けなくなった、ごく一部の要領の悪い連中をのぞくと、この世代の生きのいい男子学生の大部分が、江渕さんと似たような軌跡をたどったのではないだろうか。

そして、そういう男たちの集合的活力が、あの時代の日本の高度成長を支えていたのではないか、と思う。

以上、3つの自分史を他のサンプルとちょっとちがう扱いにしたのは、この3つには、この講義のもともとのタイトルである「現代史の中の自分史」の、「現代史の中の」にあたる部分が、それぞれ独特のあり方で、色濃く表現されていると思うからである。

最初の山崎さんは、この時代の大いなる変わり目そのものを親子二代で見事に描いた貴重な記録として、そして大塚さんと江渕さんの作品は、この世代の代表的な生き方を、女と男の立場からそれぞれ描いたものとして取り上げた。

人生のセカンドステージに入ってきたこの世代は、別の表現をもってすれば、団塊の世代であり、戦後民主主義第一世代であり、全共闘世代であり、高度成長期日本を支えた世代でもある。それは同一の色調を帯びた世代ではないが、その前の世代が悪しき国家主義に走って、総力戦に敗北して、国家的破局に陥ったのとちがって、少なくとも、平和と民主主義と経済的繁栄を享受することができた半世紀を通じて、日本が近代国家となって以降、もっとも繁栄したと同時にもっとも面白かった時代を築くことができた世代といえるのではないだろうか。そういう面白い時代をそれぞれに面白く生きた人々を描いたという意味で、この3つの自分史をまず頭に置いた。

第1章、第2章に引用した自分史作例は、自分史をどう書いたらよいのかを伝えるために引いた作品例だったが、この第3章では、ハウツー的な要素を離れて、これらの自分史を書いた人々が生きた時代は、どのような時代だったかを伝えるのにいい作品を選んだということである。

サンプル① 「親子二代で書き上げた自分史」 山崎綾子さん母娘の自分史より

第2章で山本和孝さんの年表を紹介したくだりで「当時の生資料をそのまま転用すると、自分史のリアリティが何倍も高まる」と述べたが、そういう生資料を存分に使った自分史を書いたのが、山崎綾子さんだ。

山崎さんの自分史は、なんと自分が生まれる前からはじまっている。山崎さんの母親が、以前から自分の「自分史」を書こうとしており、それを書く材料として、さまざまの生資料をファイルして、残していたのである。それを自分の娘（つまり山崎さん）が「自分史」を書きはじめたと知って資料として提供してくれたのである。

山崎さんの自分史の「あとがき」には次のようにある。

> 母は、昭和十年、父とお見合いをする頃からノートの表紙に『自分史』と書いて、こと有る毎に書いていた。最初は余り関心がなかったが、私が結婚するというとき、『育児日記』『小学校一年生から高校三年生までの通知表』『学校と保護者間の連絡帳』『小学校五年生の知能テスト』などを綺麗な箱に入れて渡された。あの戦争中の大変な時、また引越しを何回もした最中も三人の子供別にファイルされていた。そのおかげで今回の私の『自分史』に大いなる関係資料として利用させていただいた。父が大変几帳面な人で、それを結婚という儀式の時、（嫁入り）道具の一つとして母に委ねたそうだ。年月日の確かな数字は、その後母に借りた母の『自分史』と母の『備忘録』によるものが大きい。これがなければ幼い頃ももちろん、つい最近のことでも日にちなど不確かなことがある。

父親はともかく、母親は子供の成長記録をちゃんと残している人が少なくないはずである。親が健在の人は、ぜひそのあたりを聞いてみるとよい。育児日記、小学校の通知表などは意外に残っているものである。

山崎さんの場合、育児日記以前からの記録がある。山崎さんが生まれる前、お母さんが妊娠して、病院に行って診てもらったところから記録がはじまっている。その前後、親戚の人からお祝いの品物をいろいろいただくと、どこからなにをもらったかをキチンと記録していた。銭単位で記録されたあらゆる経費のこまかな記録がすべてに付いているから、昭和十年代の日本の生活史、経済史の記録としても貴重である。この資料を存分に使って書かれた以下の部分は、昭和史の記録としてもきわめて貴重と思われるので、以下に相当の紙面をもって引用する（現物はこの何倍もの量がある）。

次は、私を出産するまでの様子とかかった経費を含め母の覚書から転記する。

昭和十二年九月六日

大井病院にて第一回診察

診察券　五十銭　バス往復（母【立花注・山崎さんの祖母】と二人）　二

十銭
赤の上棉十五枚　四円二十銭

昭和十二年九月二十日
親戚からお祝い品届く
戸塚の兄　紅白布・鰹節
深川叔父　浴衣五枚ベビー服・枕掛け・胴衣・反物
手島の伯母　反物

山崎さんが生まれたのは昭和13（1938）年3月12日。太平洋戦争がはじまる3年も前だが、日中戦争はすでにはじまっていた（昭和12年・盧溝橋事件）。日本はそれから8年にわたって続く戦争の時代にすでに突入していたわけだが、当時の一般国民はそんなことになるとは知るよしもなかった。国家総動員法がすでに制定されてはいたが、「公布される直前」という微妙な時期だった。

セカンドステージ大学の学生は、大半が戦後っ子だったが、大日本帝国の臣民時代を身をもって体験した人々がほんの少数おり、山崎さんもその一人だった。ちなみに、わたしも昭和15（1940）年生まれだから、大日本帝国時代を5年間だけ体験している。

母親が記録した「大東亜戦争」

山崎さんは、自分の誕生を、母の「育児日記」を援用して、次のように書いている。

母の育児日記

三月九日　午前四時頃
　出産の兆し。直ぐに大井病院に入院したが痛みも止まり一旦帰宅。
十日　夜になり十分おきに陣痛が起る。
十一日　朝、母に付き添われ再び大井病院に入院。午後七時頃より痛み激しく午後十一時分娩室に入る。
十二日　午前一時半
　破水午前四時二十五分　女児分娩　二千七百グラム

命名　長女　綾子

四月七日（二十七日目）

やや見えるらしく、あやすと笑い又ウンウンと話をする。

この貴重な記録を残された山崎さんのお母さんはまだご健在で（当時）、育児日誌の引用部分に次のように記されている。

母は今九十四歳で大変元気に過ごし、当時の日記を見せてもらえる。また上記の『育児日記』は、私が結婚するとき、花嫁道具の鏡台の引き出しの中に入れてくれた大切な資料である。母の日記から私のところだけ抜粋したことがうかがえる。母も「この年になってこの日記が役に立つとは」と感慨深げに喜んだり、恥ずかしがっている。この自分史が事実のこととして書ける幸せと、母との対話を通じての充実感を味わっている。

山崎さんが掘り出した、お母さんが付けておいてくれた生活の記録（お母さんの「自分史」）は、内容が実に豊富で、時代資料として貴重なので、もう少し引用しておく。戦争が厳しさを増した昭和19（１９４４）年４月、山崎さんは世田谷区の松原国民小学校に入学したものの、翌月には、父の故郷の山形県の田舎に縁故疎開をすることになった。

一九四四年五月

戦争も激しさを増し、本土空襲も必至となり、老人子供たちは出来るだけ疎開（集団・縁故）をするよう、軍からの通達が出た。我家は父の故郷に居る伯父（父の兄）宅に縁故疎開をすることになった。父は勤めの関係上世田谷に残り、私たち母子、妹四歳・弟一歳半・それに私たち四人は山形県東置賜郡高畠町荒町に行く。従って学校は高畠小学校になる。

山崎さんの父はもともと乳幼児製品を作る会社（和光堂）に勤めていたが、徴用（戦時中、適齢期の国民には兵隊として戦争の前線にかり出される［徴兵］や、軍需産業の現場労働にかり出される［徴用］があった）により、日本無線の工場で毎週月曜日の朝から土曜の夜まで働きづめに働かされる（家に帰れない）ことになった。それで、母子４人は空襲の心配もあり、安全のために父の親戚を頼って疎開することにしたのだ。

伯父の家にはすでに疎開者がもう一組いたため、近くにあった空き家（トイレも水場もない、2間だけの家）に入った。トイレは必要なたびに伯父の家に借りに行き、水は毎日バケツで運んだ。ガスはないから、釜炊きは薪や炭でやった。引っ越してすぐに、シラミが襲来してくる。

学校に通っているうち、私も妹も頭が痒（かゆ）いと言い出し母が良く見てみると、二人とも虱（しらみ）がいた。縁側に二人並び、前にセルロイドの下敷きを持ち、母が梳（す）き櫛で髪の毛をすくと、小さな虫が落ち、そのときの気持ち悪さは今でも覚えている。

結局、山崎さん母子は、昭和19年10月末日までここにいるのだが、その間母親は、自分たちの生活をこまごまと日誌に書きつづり、それを20日分ずつまとめて父に郵便で送り届けていた。

その疎開日誌がきれいに保存されていて、それを引用しながら山崎さんの自分史は書きすすめられるが、それを読むと、当時日本全国でいろんな形で繰り広げられていた疎開生活というものが、どういうものなのか、実によくわかる。疎開生活がよくわかるという以上に、戦時中の庶民の日常生活がどのようなものであったかが、細かい生活データとともに実によくわかる。ところどころそれを引用してみる。

六月一日

今日から日記を書いてお送りする事にしました。是によって私たち母子四人、其の日々の生活をご想像くださいませ。（中略）今晩は常会（立花注・地域住民の定期的寄合。大都会で言えば隣組の集会のようなもの。行政機関からの通達はすべてこの会を通して伝えられたから、みな出席する必要があった）なので子供達をお義姉さんの家に預け出席する。農繁期の手伝いで勤労奉仕の相談。足袋・布地手拭い等の配給があり、其れもくじ引きで足袋二足・手拭い一本が当たる。

六月五日

綾子昨夜から発熱。ジンマシンとのこと。学校を休ませる。きょうは「ほっけ」と納豆の配給。今晩はお風呂もなく、何時夜半子供たちに起されるか解らないので久し振りに早寝をする。今八時半です。おやすみなさい。

六月八日
弟に教育召集（立花注・補充兵を教育するための召集）が来たとの便りが届く。一生の別れかもしれないので送ってあげたいが、遠方なので諦めます。

六月十六日
夜七時のニュースで北九州と朝鮮、小笠原方面に空襲の遭った事を知りました。いよいよやって来たようです。東京は如何ですか？　心配です。夜はこちらも厳重になって、警備の人数を増やしたり、寝るとき「モンペをはいて寝るように」とのお達しがあったり心が落ち着きません。貴方様のご無事をお祈りしています。

このあたりから戦争は最終局面。１９４４年の6月16日、中国基地を発進したＢ29が大編隊で北九州攻撃（八幡製鉄所爆撃）。6月19日マリアナ沖海戦で、日本の連合艦隊惨敗。７月７日サイパン玉砕。11月からサイパン・テニアンを発進するＢ29による連日連夜の空襲が日本全国ではじまる。

疎開日誌からも日本全体で末期的症状が進行していたことがわかる。

疎開生活の日常

六月二十一日

今日、債券貯金の割り当てがあり、割当額は十軒で三十七円也で、我家は二円也でしたので協力しました。

戦争中、戦費はもっぱら国債（「支那事変国債」「大東亜戦争国債」）の発行によってまかなわれた。その国債は国民各位に割り当てによって買わせたのである。国債の最大の買い手は、郵便貯金だった。郵便貯金の口座の一つに「債券貯金」があり、そこに貯金を積み立てる形で、国債を買わされたのである。それは戸別の割り当ての形で行われ、山崎さんのところは、疎開ということもあり、２円の割り当てですんだ(平均すれば一戸３・７円だった)。

昨日配給になった鰯、少し変でしたので捨ててしまったのですが、お腹に入ったのか親子四人、お兄様の家でも全員下痢をしてしまいました。昨日からやっと一ヵ月遅れの砂糖が配給になり、役場まで「食料品総合切符」を取りに行く。

七月三日

（略）綾子もすっかり土地の子になり、私の前では気をつけているようですが、「おれ」だの「早く来い」などと言いながら学校から帰ってきます。いとこの高子ちゃんと女の子三人は大きな声を出して歌いながら踊っています。午前十時ごろ警戒警報のサイレンが響きました。又夜八時は弁天様のそばにある事務所で常会。防空資材の強化・灯火管制の徹底。又八日の「大詔奉戴日」（立花注・毎月八日を開戦の詔勅をいただいた日として祝い、全国民が戦勝祈願などを行った）には早朝五時集合必勝祈願。希望者のみ八幡様に「おこもり」して米英撃滅の祈願。

戦争がはじまってからは、すべての物資がなににもよらず配給だった。米は年齢によって、1〜5歳は1日120グラム、6〜10歳1日200グラム、11〜60歳1日300グラムなどとなっていた。砂糖は、1人1日0・6斤（約360グラム）。魚類は1人1日丸30匁（112・5グラム）、切身20匁などとなっていた。これが標準量の目安だが、実際は漁次第で、遅配欠配は当たり前。時には腐った魚が配給されることもあった。

七月九日

（略）夜は応召家人で送別会。お餞別金五十銭・お祝い金一円差し上げた。出席者は全部で十五人。婦人は私を入れて三人です。国民儀礼の後、鯖(さば)の尾頭付き・肉の炒め物と千切りキャベツのつけ合わせ、胡瓜の塩もみ、豆と数の子の煮物、どぜうと葱のお汁、最後に純綿御飯と味噌汁。食べ始めて間もなく謡曲が始り最初一人が謡(うた)いだすと皆が後について謡いだす。都都逸(どどいつ)・小原節・さのさ節・米山甚句・草津節・軍歌が飛び出し皆さんなかなかの芸人です。当のご本人は若く獰猛(どうもう)な感じのする人で「今まで人を傷つけたことはあるが殺したことはないから大いに殺してくる」なんて言うのです。

「国民儀礼」とは、戦争中はあらゆる儀礼を簡素化しようというスローガンで行われるようになった、簡素な儀礼。昔なら鯛の尾頭付きで出る膳も、鯖の尾頭付きで代行されるのである。それにしても出征兵士の「今まで人を殺したことはないから大いに殺してくる」の決意表明はすごい。

七月十八日
夕方サイパン全員戦死の報を聞きました。夜七時半全校生徒が弁天様に集まり、玉砕勇士の冥福をお祈りすると共に必勝祈願がありました。家に帰り着くと同時に、雷鳴轟(とどろ)き稲妻光の凄い事。時が時だけに悲愴な気持ちです。

七月十九日
学校での講演会があり伺ったところ、サイパンの話で、約二万の婦女子がいたそうだが、今回の全員戦死で皆わが子を己の手で殺し、自分達は戦闘に参加そしてついに戦死したそうです。何という悲愴な話でしょう。子を持つ親として他人事とは思えず、自分がその様な場にあったらと考えずにいられません。

七月二十三日
内閣総辞職。その後の報道を聞きたいと思っていますが、増水により列車不通の為新聞も三日入らず、ラジオも良く聞こえず、小磯陸軍大将が首相になったのは分かりましたが。米英の喜び騒いでいる有様が目に見えるようで癪(しゃく)です。

七月二十四日
朝、浴用石鹸一個・洗濯用二個の配給があり、午後は炭と薪の配給があり駅近くまでリヤカーを持っていき、積み込んだ後、町内まで引っぱって来ます。其の時の分量にもよりますが多い時は三度も往復します。

七月二十六日
夕方うどんを売っているというのを聞きお鍋を持って買いに行きました。五玉で一円。手打ちうどんなので腰が在り固いぐらいで美味しく頂きました。東京ではあんなに嫌がっていた子供たちも久しぶりなので喜んで食べていました。

七月三十一日
今日もジリジリの暑さです。今年の夏休みは全校生徒ないそうです。何といっても決戦時、上級生は勤労奉仕。毎日干していた梅を今日は本漬けしました。又夜九時から常会。遅いのには困ります。軍人援護会へ一世帯二十銭の割り当て。他に貯金の割り当てが来るとの事。明日明後日は「査閲」のため、十六歳から六十歳までの男子は高畠国民学校へ集合との事。杉の葉四把／一円五十二銭で配給（立花注・

杉の葉は燃料）。

大本営の大誤報

八月一日

七月分の家計簿が出来ましたので、日記と一緒に送らせて頂きます。貯金九十七円三十銭出来ました。一生懸命働いていただいたお陰です。たまのお休みには、お好きな漫才や映画等ご覧になり、お好きな物を召し上がってエネルギーを補ってくださいまし。夏休み返上につき、綾子は学校で草取りを二時間ばかりして帰って来ました。

八月二十一日

二日続いて九州に空襲があったとのことで、今年の晩秋には東京に帰りたいと思っているのに、愈々（いよいよ）本格化しそうでどうなるか心配です。午後から隣組のお当番の人たちと夕ドン（立花注・木炭の粉末をこねて団子状にした乾燥燃料）造りをしました。夜は塗り絵をして遊んでます。

八月二十三日

（略）隣組の勤労奉仕で拵えた夕ドンが配給になりました。形は丸くなく半分にして丁度お饅頭の様な形です。我家では三十五個で一個三銭でした。未だ良く乾いてないので乾かさねばなりませんが、これだけあれば助かります。炭が全く配給されませんので煮物も薪ばかり、お鍋が真っ黒になりました。消し炭は大切に残し、朝味噌汁とお湯を沸かします。

九月十一日

今日は「ビルサワ」行き（立花注・勤労奉仕）なので午前四時に起き五時出発です。遠方でしたがおしゃべりをしながら到着です。名前を記入し愈々作業開始です。シャベルを持って点呼を受け、現地まで山の上り下りをしてやっと着きました。そして方々に散り、土を掘りトロッコに積み、一杯になったら一丁ほど押して、「引き上げ機械」の下まで持って行き、ロープでトロッコを引き上げる迄に、私たちは頂上まで駆けあがり、トロッコが着くのを待って更に運ぶのです。九回運ぶのが割り当てで其れがすまぬと帰れない。運よく（？）機械が壊れ私たちは八回で帰れました。日給二円六十銭受け取り自宅に着いた時は、足が動かないほどでしたが、夕御飯は鶏飯を作り寝てしまいました。

九月二十九日

今夜は常会。何時ものように和子ちゃんに子供たちと一緒に寝て頂き、八時半に行って来ました。十月の一の着く日にちは、三日間とも「暁天動員(ぎょうてん)」が有る事。其の時は農家はサツマイモを五百匁、一般家庭は二十銭寄付、これは産業戦士に賜るそうです。又「靖国神社建設資金」は、昨年決めた一年二十銭ずつ五カ年間の寄付が、一度に寄付することになりました。先日採って乾燥させてあるアカソやアオソ(立花注・イラクサ科の草で茎から繊維がとれる)を近日中に採りに行くから出しておくように。節電の為夜間は必ず消灯すること。話では全国の家庭で一時間の節電をすることで飛行機が五百台出来るそうです。

十月十三日

隣組のご主人が戦死され、遺骨帰還ということで四時ごろ皆で高畠駅までお迎えに行きました。遺族は奥さんと子供三人です。駅前に祭壇が設けられ、お坊さん三人で読経、其の後、焼香し列を作って家までお送りしました。

十月十四日
（略）昨夜のニュースで台湾に大空襲があり敵機千機以上来たとは驚きです。はじめに油を撒いて其の後焼夷弾を落としたので、一面火の海になり、家庭防火団は手が付けられなかったそうです。

十月十七日
（略）今朝の新聞は、真珠湾攻撃以来の大戦果で空母・戦艦其の他合わせて三十五隻撃沈とはすごい戦果ですね。でも日本側の損害は如何だったのでしょうか。高畠では明日か明後日旗行列が有るそうです。

このあたりの記述は歴史的資料として重要である。大本営発表によると、台湾沖で、米第三艦隊の機動部隊と日本側の第一航空艦隊、第二航空艦隊が激突。日本は米機動部隊の空母19、戦艦4を含め、撃沈撃破45隻の大勝利を収めた。ほとんど米機動部隊を撃滅したということだった。国民の大半はその発表を信じて大喜びした。各地で提灯行列が行われ、天皇からは軍にお褒めの言葉まで下賜（かし）されたが、これが実は全部兵の未熟さがもたらした大誤認。事実はほとんど戦果ゼロだった。第二次大戦中のもっとも有名な誤報事件（台湾沖航空戦事件）である。

しかし、真相がわかるのは戦後。当時の国民がみんな誤報を真実と信じて真珠湾以来の大喜びをし、戦果を信じて疑わなかったことがこの記述からわかる（ただし山崎さんのお母さんは「でも日本側の損害は如何だったのでしょうか」と必ずしも全面的に信じてはいなかった）。これが誤報であったことを知らないままに、1週間後に日米最大の海戦、レイテ沖海戦がはじまる。消えたはずの米機動部隊があらわれて、日本海軍は大惨敗。再起不能となった。

この母親の疎開日誌は、1944年の10月19日に突然終わる。父親の徴用が突然終わって東京の世田谷の家に戻ったためである（理由はよくわからないが、恐らく、徴用先の工場が空襲でつぶれたのではないか）。

十月十九日

さて今日は突然貴方様から「帰京通知」に、ただただ驚いています。何がなんだかわかりません。こちらで冬越しを覚悟していましたので、又余り急なので嬉しいような多少心残りのような気がします。（略）この日誌も毎日続けてきましたが、今日で止めることにいたしました。

忘れてはならない「民族の歴史の核」

ここから再び、山崎さん自身の自分史の記述に戻る。以下を読むと、この頃、東京が空爆でどれほどひどい状態になっていたかがわかる。世田谷から新宿の中村屋のビルのところまで、なにもなくなって見通しがきいたというのである。

一九四四年十一月始め　昭和十九年　小学校二年生

山形から帰京後、以前通っていた京王線明大前駅近くにある松原国民学校に戻り、世田谷区松原町の自宅から通う。しかし学校は空襲に遭い、すっかり焼け野原になり、毎日運動場を走ったり、体操をしたり絵を描いたりの授業であった。プールがあり夏は泳いだであろう其処(そこ)には、戦火にあった机とか大きな木々が沢山汚い水の中に浮いていていて、回りに「キケン」と書いた札が荒縄に結ばれ、風に揺れていた。

暫(しばら)くして、隣の駅京王線下高井戸駅にある松沢国民学校の離れ校舎一棟を借り授業が再開した。六年生を一番前に、班体制で一列に並んで、登校をしたが、空襲警報が発令されると、肩に提げている防空頭巾を被り、走って学校に行った時も有ったが、時には近所の家の防空壕に入ったことも在った。

そして、8月15日の終戦の日を迎える。

一九四五年八月十五日　昭和二十年　小学校三年生

終戦。母によく「空襲で火事になったときは、靴をちゃんと履かなくて踵(かかと)を踏んでも良いから直ぐ火事場から離れなさい」と言われていたので其の恐怖感からも解放された。そして学校へ行く時、警報がなると直ぐ被っていた防空頭巾も被らなくていいのだと思った。

其の日は真っ青な空があり、飛行機が一機も飛んでいない。物心ついてから初めて見た空のように思われた。ラジオの前では皆が泣いていた。戦争中は昼夜関係なく飛んでくる飛行機は、とても低く飛び、操縦桿を握っている兵士の笑っている顔を見たことも有る。又夜は敵機を探す為、サーチライトが七本ぐらいあちこちに動き、一箇所に集められると其の中央には一機敵の飛行機が見える。其処をめがけて高射砲を打つが、一向に当たらず空を見て悔しい思いがした。

父は戦争映画のテレビなど上映されても一切見なかった。親子五人の生活を預かる父にとっては、二度と味わいたくない時代を思ってのことだと思う。前に住んでいた松原の家付近を見に行ったら、全て焼け野原、あちこちにバラック立ての家が有る他は、遠く見える新宿の中村屋のビルがぽつんと立っていただけであった。

広島でも長崎でも、被爆者がどんどん亡くなりつつあり、そのうち、リアルな被爆体験を語れる人が一人もいなくなる日がそう遠くない将来に来るのではないか、といわれている。ヒロシマ、ナガサキだけではない。戦場体験、空襲体験、引き揚げ体験、疎開体験などを含め、リアルな戦争体験を語れる人が、急速に日本社会からいなくなりつつある。

そういう状況を考えてみると、山崎さんの自分史、母親の疎開日誌などの記録のもつ歴史的意味のようなものが見えてくる。

どの民族にも、忘れてはならない「民族の歴史の核」のようなものがある。あの戦争体験は、現代の日本人にとって、そのようなものとして機能し続けてきた。毎年8月15日を迎えるたびに、戦没者追悼式典が国家的行事として営まれ、新聞も、テレビもその日は、戦争体験をふり返るページや番組が中心にすえられる。しかし、そう遠くない将来に、リアルな戦争体験を語ることができる人がゼロになる日が必ずやってくる。

すでに、第一次大戦についてはイギリスで２０１１年5月、最後の従軍兵士が亡くなったとして大きなニュースになった。２０１２年2月には最後の軍属（食堂サービス係）も亡くなり、リアルな「第一次大戦体験者ゼロ」の時代を迎えている。どちらも亡くなったときの年齢が１１０歳。人間の寿命はおよそそれくらいと考えられるから、おそらくあと20年くらいたつと（第一次大戦と第二次大戦の戦間期が20年）、最後の第二次大戦従軍兵士が死を迎えたことが世界的大ニュースとなる日がやってくるだろう（日本でもアメリカでもヨーロッパでも）。それと相前後して、最後の被爆者が亡くなる日もやってくるだろうし、最後の8月15日体験者が亡くなる日もやってくるのだろう。

そのように考えると、山崎さんの自分史のもつ意味がより一層見えてくるだろう。

結局、どんな民族の歴史も、ミクロな部分に目をこらして見れば、その民族の個々のメンバーの自分史としてある。マクロな目をもって歴史のマクロな動きを注視することだけでは、決して歴史の実相は見えてこない。ミクロな部分にも目をこらして、その時代を構成していた民族の全メンバーの個々の思いまで含めた自分史の集合体として歴史をとらえたとき、それは本当の民族の歴史となる。

　自分史を書く意味は、個々人にとっては個人的意味の問題で終わるが、それが同時に、集合体としては、同時代の民族史そのものとなっているのだという事実を知ってみれば、個人的意味とは別に、各人が自分史を書くことには、個人を超えた意味もまた出てくるのだということに気がつくだろう。

　これは、戦争体験についてだけ言えることではない。それ以後の大きな民族的体験のすべてについていえることだ。具体的には、戦争からの復興とか、高度成長、バブル、バブル崩壊、六〇年安保、東京オリンピック、連合赤軍事件、オウム事件ほか、同時代の日本人のすべてを驚愕させた事件の数々など、歴史的民族的共通体験のすべてについていえることだ。

　自分史を書く上で、はじめに大きな枠組みをどう作るべきかを考え、個人史を見る眼をもつだけでなく社会全体を見る眼をもたなければならないという意味はそこにある。

サンプル②　「埼玉版　二十四の瞳」　大塚眞理子さんの自分史より

セカンドステージ大学の女子学生には学校の先生出身者とナース出身者がかなり多い。

ある時期まで、日本の社会は圧倒的に男性優位の社会で、女性が男性と肩をならべて活躍できる職場は少なかった。例外的に女性も男性と肩をならべられたのが、教育職の世界と医療・福祉職（ナース・保健婦・薬剤師など）の世界だったからだろう。

大塚眞理子さんは、小学校の先生を40年間務め、定年を迎えたあと、セカンドステージ大学に入ってきた。

そして、自分史を書き上げたあとの「あとがき」にこんなことを書いている。

やっとあとがきまでたどり着けた。

立花先生の毎週の授業をうけるたびに、数枚の原稿を必死で書いた。今まで、たくさんの子ども達に、あたりまえのように宿題を出していたわたし。

『ちゃんとやって、きちんと提出する』のって大変なことだったのね。

このあたり、大塚さんの教え子たちが読んだら、思わず目をパチクリだろう。そして、「オレたちも『ちゃんとやって、きちんと提出する』のって大変だったんだよ」と言うだろう。

この自分史をまとめるにあたり、悪戦苦闘の中で、今まで記憶の隅に押しやられていたものが、ふっと形になってきたと思うことがあった。特に、教職についてからのことは、思い出そうとも思わないうちに、その時その場所その子ども達が、わたしの目の前に現れてくれた。そんな子ども達に後押しされて、これだけの文章になったのだ。

こんなことを書かせてくれた、今までわたしに関わってくれた子ども達に、感謝。

大塚さんの自分史を読んでいて楽しいのは、次ページのような可愛いイラストが随所に入っていることだ。それを見るだけでも、「子ども達に後押しされて……」という大塚さんの気持ちが読み手にも乗り移ってくる。

大塚さんは、埼玉県浦和市（現さいたま市）の生まれで、埼玉の名門校、浦和一女（浦和第一女子高校）の出身。日本には戦後男女共学の時代になっても、男は男子校、女は女子校という流れがずっと続いている県がいくつかあるが、埼玉県はその伝統が中でも強い県だ。とくに大塚さんが高校生の頃（１９６２〜６４年）は、女子で勉強ができる子はみんな浦和一女をめざしていた時代だった。しかし、その頃の女子の四年制大学進学率は、２・５パーセント。大半の人は高卒で就職していた。大塚さんの家は、父親が病気をしていたということもあって、大学進学はむずかしそうだった。

高３の、進路を考える時期になり、おぼろげながら女でもちゃんと認められるような仕事につけるようになりたいと考え始めた。その頃だと、女

大塚さん直筆のイラスト。右上は自画像

子銀行員・デパート販売員・会社の事務員などの先輩がいたが、結婚してやめるということが多かった。

わたしには、書類や物やお金相手の仕事は、合ってないように思えた。人間相手の仕事がいい。先生はどうだろう。（略）大学に行って先生になれればいいな。でも、それ程、勉強を一生懸命やったわけではないし。国立大学に現役では無理だろう。私立大学というほどの経済的余裕もないし。

そこに、新しい進路情報がもたらされ、むずかしそうだった小学校教員への道が一挙に開けることになった。

進路について迷っているときに、小学校教員養成所がその春、開所するという情報が発表され、2年間小学校の先生をやれば、なんと授業料免除だという。ここなら入れるかも。でも。将来が先生に決まってしまうのも、なんだか嫌だし。

はっきりしないで迷っているところに、その頃の親友、K子さんが一言。

「あなた、学校の先生に向いている。絶対いいよ」

と言ってくれた。これで、決めた。

国立大学教育学部と小学校教員養成所に願書を出し、国立大学は思った通り不合格で、その年出来た養成所に行くことになった。

旧制師範学校 vs. 戦後民主主義教育

しかし、この教員養成所なるもの、その頃埼玉県で起きていた小学校の教員不足という事態に急遽対応するため、あわてて作った教育機関で、制度設計が充分なされた上で作られたものではなかった。はじまってすぐにいろんな不具合が生じた。教えるほうは旧制師範学校をモデルに上意下達型方式で教えようとしたのに対し、教わるほうは、高校まで戦後民主主義教育で育ってきた世代だから、たちまちズレが生じた。

特に、学習内容を選ぶということもなく、やらなければならないことばかり説明し、「君たちには、いい先生になってもらいたい」と言うばかりなのである。官製の、それも初めてのケースである。作ったほうは、戦前の師範学校のイメージがあったのではないだろうか。養成所選任の先生は堅苦しくて、おもしろ味などちっとも感じなかった。

中でも大塚さんは中3のときに、学校ではじめて生徒会役員選挙なるものがはじまったので、それに応じて生徒会長候補として立候補したら、本当に当選してしまったという人なのだ。それで実際1年間生徒会長を務めたという戦後民主主義教育の申し子のような活発な人だったから、そういう戦前の師範学校タイプの教育になじめるわけがなかった。

そして早々とそういう空気に反抗ののろしを上げた。

中3のときに生徒会選挙に立候補

何でそうなったのだろう。具体的にはよく覚えていない。ある朝の、全体集会の席で、わたしは、発言を求めた。

「学生同士で、しゃべりあえる場所を確保してください。気のあった仲間同士でサークルを作らせてください」

その時の、先生方の答えがどんなものだったかは、記憶にはない。でも所長であるO先生の渋い顔つきと、隣の先生方の困った様子は、周りの学生のびっくりした表情とともに、今も目に残っている。

このことがあって間もなく、養成所のほうから、親に呼び出しが行ったというから驚きである。

すぐに養成所から、親に呼び出しの手紙が来た。前にも書いたように、当時、父は病で弱っていたので、母が学校に出向いた。母にしたら、子どもが問題を起こして学校に呼ばれることなど、はじめての経験で、びっくりしただろうと思う。母は、第一礼装の帯つき和服で出かけていった。

「お宅の娘さんは、本当に学校の先生になる気があるんですか。このままだと、困るのですが。周りに悪い影響を与えかねない」

と、O所長先生は、母に言ったそうである。

「うちの娘は、先生になりたいと思っていますし、がんばる気があります。学校に対して、生意気な口をきいたようですが、それはやる気があるということです。それがわからないそちらにも問題はありませんか。娘を信用してやってください」

と、啖呵を切ったそうである。

なかなかのお母さんだったのである。

すごい母だったなぁ。この母のがんばりがあって、わたしの教師人生があるのだ。

その頃の大塚さんの教師（候補生）としての未熟ぶりがうかがえるこんなエピソードもある。

2年次になって、教育実習に行った。

実習クラスは一年生。

国語の読解の授業で、たった数行の文を使って、1時間を楽しく笑い声に包まれた授業を展開する担任の先生。その続きの1時間を、わたしがやると、たったの15分で、なすすべも無く終わってしまう。一年生の子ども達は、ニコニコしてはいるものの、あっちを向いたり、名札をなめたり、わたしの言うことなどちっとも聞いてくれないのだ。

　どうすれば子どもをひきつけて授業できるのだろうか。45分を飽きさせないで、考えさせることがわたしにできるのだろうか。

　考えたり、工夫したりすることはたくさんあった。放課後の教室で、次の日に使う教材を作ったり、黒板に書くための練習をしたりした。時間がいくらあっても足りない気がした。家に帰っても指導書を読んだり、授業の流れを考えたりしていた。受験勉強のときより、必死だった気がする。

先生一年生

教員養成所は、短大なみの二年制の教育機関だったから、卒業したときはまだ20歳だった。卒業後、即埼玉県教務公務員として採用され、4月にはもう最初の赴任先の学校へ向かっていた。折も折、長く病の床にあった父が亡くなったが、気を取り直して大宮市立（現さいたま市立）H小学校へ向かった。

　以下、この時代のことを書いた「新任教師時代　わたしの二十四の瞳」とタイトルを付けられた章がなかなかよい。

そういえば、木下惠介監督の映画『二十四の瞳』に出てくる大石先生（高峰秀子）も、教員養成所を出たばかりの20歳の小娘として描かれていたな、と映画を思い出したりした（実際には大石先生は教員養成所の前身の女学校師範科卒）。瀬戸内海の島と東京近郊の衛星都市とでは、だいぶ雰囲気がちがうかなと思ったが、H小は大宮市でも東のはずれにあって、ローカル色がかなり強い地域だったから似たような雰囲気があった。

大宮駅から、ローカルな単線の私鉄で20分程行き、駅前に数軒の商店があるだけで、周りには林や畑が広がっている。踏切の「カン、カン」という音が妙に響いていた。

地図を見ながら、歩き出した。踏切を越えて、林の中の道を進む。林の先には畑ばかりが見え、農家が点在しているが、学校らしい建物など見えない。道は踏切を過ぎた所あたりで舗装が終わり、砂利道になってしまった。空に鳥の声が聞こえ、青々と続く麦畑。20分程も歩いたけれどまだ学校は見つからない。誰かに聞こうにも、人に会わないのだ。どこにある？　わたしの学校？　困ったなあ。

「そこの森の中だよ。戻って斜めに入ると学校だよ」

やっと出会えた、畑で農作業中の人に教えられ、細い道をたどり森を抜けると、そこにＨ小があった。

小さな平屋建ての木造校舎が二棟。斜めに向き合って立っていた。校庭の中ほどに大きな松の木がすらっと立っている。校庭や校舎を守るように取り巻いた、たくさんの大きな木々。三角屋根の下の、可愛らしい玄関には、始業を知らせる鐘がぶら下がっていた。そのそばには二宮金次郎の像。どこか、絵本の中から出てきたような懐かしさの漂う、可愛らしい学校だった。

この学校好きだなあ。ここでならやれるかもしれない。どんな子ども達がいるのかなあ。初めて教壇に立つ心配より、楽しみの方が膨らんできた。

通うのは、不便で大変そうだけど、毎日来るのが楽しみなところになりそう。

ここでわたしの新任教師の生活が始まった。

担当したのは、三年西組だった。三年東組はベテランの女の先生だったから、なにを聞いてもニコニコして教えてくれる。心配するようなことはなにもなかった。

何より、子ども達が教えてくれた。

「先生、○○ちゃんはね、お腹痛いっていうときはお便所に行けば治るんだよ」

「先生、体育の時は、あの松の木の周りをグルーっと走るの」

「先生、給食室はこっちだよ。エプロンして給食取りに行くんだよ。いいや、俺たちが持ってきてやるよ」

目をくりくりして話をしてくれる子。恥ずかしそうに下を向いてばかりの子。手をつないで遊びに行こうと誘う子。できるようになった逆上がりを得意そうに何度も見せてくれる子。ポケットからトカゲを引っ張り出して、びっくりさせた子。

自転車を駅前に預けて、砂利道を通った。土曜日はお弁当を持っていき、午後は、教室で丸つけをしたり、ガリ版を切って学級通信を作ったりした。

プールも、体育館も、図書館もない田舎の学校だったが、それだけに、学校生活は野趣に富んでおり、いまの東京近郊では味わえないローカル色ゆたかな日々だった。

放課後、茹でとうもろこし2本持って、窓の外から呼ぶ子がいる。

「先生、うちのばあちゃんが先生に持っていけって。うちの畑のだよ」

一緒に窓の枠に座り、松の木の向こうの夕日を見ながら、とうもろこしを食べた。

夏休みの日直当番で学校にいると、子ども達が誘いにくる。

「夜までいる？　夜になったらまた迎えにくるよ。蛍を見よう」

その夜に、蛍を見た。学校のうらに流れる見沼代用水の土手沿いに、チカチカ光って消える蛍たち。

何をどう教えたのかはまるで覚えていない。でも子ども達のきらきらした目と、とびっきりの笑顔は今も忘れない。

本当に「まるで二十四の瞳みたい」といいたくなるような日々だったらしい。

わたしの宝物の時代。子どもが大好きで、教室にいるのが幸せで、学校に行くのがうれしくて仕方ないという、自分を発見したH小での3年間。

このH小での体験が、この後のわたしの40年にもなる教師生活の原点だった。

「先生の先生」に鍛えられる

だが、大塚さんはこの地に安住することなく、もっと多くの刺激を求めて、間もなく旅立つことになった。

しかし、新しい経験を求めて、次の学校を目指すことになる。このユートピアのようなH小から出て、もっとたくさんの刺激と厳しさがほしいと思っていた生意気なわたし。

もっと学びたい、もっと揉まれなくてはと、心の中で感じていたに違いない。新任3年後の春、転勤希望を出して、2校目の学校に異動した。

新しい赴任地は、大宮の西のはずれにあるON小だった。できてまだ2年目という新しい学校で、学校の規模はずっと大きかった。新しい学校だけに、校風もできあっておらず、いろいろなトラブルが起きて揉まれることが多かった学校だった。

わたしは、前任校では、一生懸命ではあったが、どちらかというと自由な、穏やかな雰囲気の中で、子どもと楽しく付き合ってきた。このON小学校では、それだけではだめで、厳しく指摘もされ、指導を受け、苦闘の日々だったと思う。しかし、振り返ってみれば、どこででも通用する実力をつけてもらったことになる。

前の職場のＨ小では、子どもを愛することを覚えた。そしてこのＯＮ小では、教育技術を身につけたのだなと、今にしてわかる。

担当したのは３クラスあった五年生の１クラス。五年生の学年主任をしていたのが小学校全体の教務主任でもあったＫ先生。この先生の指導がなかなか厳しかった。

Ｋ先生は、大きな目が印象的な、白髪交じりだがダンディな先生だった。親子ほども歳の離れたわたしに、笑ってはいたが厳しい目で、

「眞理ちゃん、よろしくね」

と挨拶をされた。この「眞理ちゃん」というソフトな呼びかけが曲者で、何度痛い目にあわされたことか。

授業をしていると、教室の後ろの扉からそっとＫ先生が入ってくる。わたしの授業をにやっと笑いながら数分見て、出て行く。放課後になると、

「眞理ちゃん、今日、あの授業で何を教えていたの。子どもがちっとも考えられな

いよ、あれじゃ」

と厳しい指導が続き、しどろもどろで答えられないわたしに、

「明日、眞理ちゃんのやっていたところ、ボクが授業するから、ボクのクラスに見に来なさい」

と大きな目で、念を押す。見せてもらった授業は、目からウロコの落ちるような印象的なものだった。

特に算数は、ご自分が市の算数研究部長をなさっていたこともあり、手厳しい指導だった。言われたときは悔しくて、「えー、ちょっと見ただけなのにわかるの？」と情けなかった。でも、後でよく考えると納得することが多くて、自分のやり方が悪かったんだなと気づかされた。

K先生の厳しい指導を受けて、なにくそと思いながらそれに対応していくうちに、大塚さんは、教師としてどんどん腕をあげていった。

「眞理ちゃん、今度、指導課の研究授業やってごらん」

教育委員会の指導主事の指導を受ける授業も、こんな風にわたしのところに回っ

てきた。

「眞理ちゃん、運動会のダンス指導の責任者やってね。ダンス考えてね」

「眞理ちゃん、社会科見学の計画立ててごらん」

何かやるたび、わたしの見落としていたことを、指摘される。「なにくそ」と思いながら、また次の課題に取り組む日々であった。

そのK先生ともやがて別れる日がやってくる。

その年度、３月末のこと。毎年のことだが学年末には、大変な量の仕事がある。個々の子どもの成績処理が主な仕事で、神経を使う。その中でも一番気を使うのが、種々の記録を書き残す《指導要録》を書くこと。元本（原本）だから、間違えずに記入し、３月31日までに提出しなければならない。

終業式までは、子ども達に手渡す通信簿を書いていたから、《指導要録》はその後数日で、必死に記入した。書き終えて、提出したのが31日の夜遅くなってからである。

「やれやれ、やっと終わったなあ」と思いながら帰宅した。

次の朝、出勤すると机の上に、昨日提出した《指導要録》が置いてあった。黄色の細く切った紙が何枚かはさんである。はさんであるページを開いてみると、書くべき数字が抜けていることの指摘。そして、K先生のにやっとした顔。

「眞理ちゃん、さすがの眞理ちゃんでも、記入漏れがあったよ」

K先生は、教務主任として、学校全体の《指導要録》を一晩かかって点検したのだ。その日、転勤だというのに。学級数20以上あったから、それを全部見たということだ。まわりの机を見回すと、どの机にも黄色の紙のはさまった《指導要録》が置いてあった。


これがON小でのいい思い出としていまも残っている。


これがわたしの、直接K先生から受けた最後の指導である。その日、先生は、ON小を去られ、その後教頭職・教育委員会主事を経て、校長先生になられた。

その後何回も、学年末を経験したが、あれほど見事に《指導要録》を点検されたことはない。そのとき、「さすがの眞理ちゃん」という声、少しは認めてもらえていたんだというううれしさとともに、思い出される。

この時代の職員室の雰囲気を活写した次の記述も面白い。

できたばかりの学校だから、先生の大半が若くて元気な戦後民主主義世代だった。ほとんどが組合員（日教組）でもあり、組合主導の活動にも積極的に参加するし、職員会議で何か話し合うにしても、若い世代が何かと積極的に発言して、下克上的な雰囲気がただようこともあった。ベテランのオールドジェネレーションの先生方はそのあたりに不満をもっていたようだ。

まわりのベテランの先生方の目には、生意気と映っていたのだろう。いろいろ言われた。

あさま山荘事件の報道を見ながら、

「子どもを、班活動で民主的に育てるといっても、こうなったらどうする」

と、班活動を中心にした学級経営を批判される。

職員会議で、原案に反対意見など言おうものなら、

「何言ってるの。えらそうに言っても、あんたの教室の子、行儀悪いじゃないの」

とわけのわからない反論もされる。要するに、経験の少ない者は、黙って聞いて

いなさいということだったのだ。

ある時など、わたしたちの意見が続いて出され、職員会議が騒然とした。30代なかばのO先生は、

「聞いていられない。腹が立つ。僕は退場します」

というと、手に持っていた自分の湯飲みを、流しにガチャンと投げて職員室を出て行ってしまった。さすがにびっくりして、どうしようと思ったものだ。

しかし、そういう衝突事件も、いまは双方の側にとっていい思い出になっているという。

今、思い返すと、この時代の学校の先生方は、みんな素直で率直で熱かったのだ。言い換えると、未成熟でもあったのだが。

何年か経った後、校長先生になられたO先生にお会いしたことがある。

「ON小時代は楽しかったですね」

と、おっしゃっていた。

育児休業の権利を勝ち取る

女の人の自分史においては、就学、就職もさることながらなんといっても、結婚・出産・育児というファミリー・メーキングが、人生の大きなステップになる。

いまでこそ女性の労働環境はめぐまれたものになり、働きながら結婚・出産・育児をする人もかなりいるし、育児休暇をとることも普通（いまは父親もとれる）になっているが、かつては、女の人は結婚すれば、仕事を辞める「寿退職（ことぶき）」が普通の慣行だった。結婚をして勤め続けても、出産したら、子育てのためにも退職というのが普通だった。しかし大塚さんは、働きながら子供を二人産み、立派に育てあげたのである。

だが、その陰には、なみなみならぬ苦労があった。読んでいて、その大変さが伝わり、よくぞここまでやれたなと感心する。なにしろその頃「育児休業」なんていうものは存在していなかったのだ。もっと正確にいえば、育児休業法は、大塚さんたちのような世代の婦人労働者が作ったものなのだ。

話の順序として、その前に、結婚について述べておこう。

１９７４年、26歳で結婚。夫・研一とは、ＯＮ小の仲間である先輩のお宅で知り合った。

仲間たちが、会費２０００円で、《結婚を祝う会》を開いてくれた。招待状も、式次第も、手作り。お酒は足りない人もいたけれど、花いっぱいの会場で、歌ったり、おしゃべりしたりの楽しい会だった。

夫・研一さんは、高校の英語の教員で、本を読むのが趣味というもの静かなタイプの男性だった。大塚さんの母親などは、こんな人が、活発に動きまわるタイプのうちの娘と本当にうまくいくのかしらと心配したという。

この頃、組合の活動家でもあった大塚さんは熱心に育児休業法の制定に向けて取り組んでいた。

結婚しても、迷うことなく仕事は続けていた。

その頃、組合では、働きやすい職場をということで、条件整備の運動を取り上げていた。

「育児休業法を」「勤務時間の短縮」「学級の人数を減らそう」などである。

育児休業法が、まさに国会に提案されようとしていた。組合を通して職場にきていた署名用紙「育児休業法の制定を」を持って、色々な知り合いに署名を頼んでまわった。まず、職場の人。ご近所の方。日曜日に会う友達。そして、お使いに行ったお店の人にまで、書いてもらうように頼んだ。国会両院議長へのはがきでの要請行動もあり、何枚、人に頼み、何枚自分で書いたことか。

育児休業法以前、産前産後休業は6〜8週間で、加算休暇2週間を入れても、出産後2ヵ月半で職場に復帰しなければならなかった。子供を産んでも仕事を続けようとする先輩たちは、おばあちゃんに子供の世話を頼むか、そのために人を雇うかするのが常だったという（当時保育園は数も少ないし、産休明けの1歳未満児はそもそも預かってくれなかった）。

しかし、結婚した翌年、教諭の育児休業が認められるようになり、無給だが、産後1年間休むことができるようになった。

次の年、わたしは長男・直人を出産し、1年間の育児休業を取った。次の章では、育児休業明けの子育てと仕事との綱渡りの日々を書くことになる。

あれは、しんどい日々だったなあ。

この制度を利用して、1年後から自分の手で子育てと教職の仕事も両立させようと思ったのである。しかし、それは言うは易く行うは難かった。

次の年の4月、自宅から通い易く、保育園が近いという条件を出して、HO小学校へ異動した。近いといっても、自転車で20分、バスで15分ぐらいかかった。

学校と保育園がホンの1～2分のところだったから、子供を保育園に送り届けてから、あわてて学校にかけこめばなんとかなるのではと思っていたが、微妙なタッチの差で、この両立がむずかしかった。

この頃、市立（公立）の保育園は、8時半から5時までの保育時間。延長保育という制度もなかった。

HO小学校の勤務時間は、8時25分から5時25分、帰りのお迎えは間に合う。小学校は、昼休みが取れないという変則勤務なので、4時25分から退勤してもいいことになっていた。帰りは、大丈夫。でも、朝はどうすればいいの。たった、5分なんだけれど……。

朝だけほかの家に預ける二重保育をしなくては、と考えた。でも、今までわたしとのんびり暮らしてきた息子、保育園に慣れるだけでも大変だろうに、二重保育とは。躊躇していたわたしに、救いの言葉がかかった。

「お母さん先生」大奮闘記

救いの言葉は新しい小学校の校長先生からきた。

HO小学校のS校長先生に挨拶に行き、事情を相談すると、

「始めのうちは、大目に見ますよ。事故を起こさないように来てくださいよ」

と言ってくださった。

ここから、わたしの子育ての綱渡り生活がはじまる。

それはまさに綱渡り生活だった。

6時前に起きると、洗濯し、息子にご飯を食べさせ、もちろん自分も食べ、8時前に自転車で出発。前カゴに着替え、後ろに息子、自分の荷物はリュックにしょっていた。8時20分には保育園の前で、開園するのを待っていて、開くと同時に、保母先生に、息子を渡し、学校へ飛んでいった。

HO小学校では、朝は全校で運動する（校庭を走る）時間で、クラスの子ども達は自分達で校庭に出ていた。わたしは3年生の自分のクラスに、急いでまぎれこみ、一緒にグラウンドを走った。

要するに、校長先生の許しを得て、毎日5分ずつ遅刻し、走る子供たちの群れにあわててまぎれ込むという生活を続けたのだ。こんなウソみたいな生活が可能になった背景には、こんなウラ話があった。

今思うと、すごい勢いで暮らしていたと思う。それだけ若かったし、元気でもあった。

結局、一年間は、朝の5分間遅刻を大目に見てもらえたことになる。

S校長先生は、後でおっしゃった。

「朝、大汗をかきながら急いで出勤する姿を見ていたら、応援する気になったよ。わたしの家も、共働きで子育てしたからね」

校長先生も、その頃まだ少ない共働きの父親の立場であったのだ。

1人目を産んでから6年して、次男を産んだ。その頃、兄と同居していた母がこちらにきて一緒に住んでくれることになり、一挙に楽になった。

この怒濤の日々をふり返って、大塚さんはこう記す。

振り返って、たくさんの幸運と皆さんの助けに恵まれていたことに気づく。

2人の息子を育てながら教師という仕事を続けた。時間的には大変だった。毎日が風のように飛び去っていく日々であった。どうやって食べて、寝ていたのだろう。そのぐらい忙しかった。でも、とても面白く充実していた。もう一度やれといわれても、やれないが、やらなければよかったとは思わない。

しかしまだ波乱は終わらない。

自分の生活も落ち着き、教師としてのやり方に自信を持ちはじめ、今まで出来なかったことに挑戦できた時代とも言える。でも、さまざまなことが起こった。

1984年に新しく赴任したNK小学校では、2時間目と3時間目の間に、全校児童がみんなそろって運動をすることになっていた。その日はなわ跳びをすることになっていた。

音楽がかかって、決まった時間になわとびを跳ぶのだ。しかし、その日は、跳んでいてもなぜか左足が重い。「昨日なんかやったかな？　筋肉痛かしら」と、考えたその時、わたしの身の中に『バサッ』という音が聞こえ、左足のふくらはぎに激痛が走った。

「いたた。イタタ」

あまりの痛さに、左足を引きずりながら、教室に帰った。

「先生、足どうしたの？　痛いの？　先生、授業できる？」

「だいじょうぶ。ごめんね、ちょっと足が痛いの。座って授業するからね」

子どもの前だから、何とか笑っていたが、心では泣きそうだった。ものすごく痛いんだもの。

６時間目まで我慢しながら授業した。教室を移動する必要があって、階段を上がらなければならない。手すりにつかまって歩いた。あの時の痛さは、20年以上たった今でも覚えている。どうしよう。これでは、ほっておいて治るわけないなあ。医者に行かなくては、ならない。

放課後、子ども達を帰すとすぐに医者に行った。ありがたいことに、痛いのは左足。車はオートマチック車。運転は出来た。やっとのことでたどり着いた医者で、

「ふくらはぎの筋肉が切れています。ギブスで固定するよ。１ヵ月ぐらいしたら取れるよ」

こともなげに診断され、左足を固定されて、松葉杖を渡されてしまった。

左足の重いこと。松葉杖の使いにくいこと。あー

運動会にて子供たちを指導

あ。どうしよう。

「あなたぐらいの年頃（30代後半、もうすぐ40歳）にね、筋肉がよく切れるの。筋肉が、古くなったパンツのゴムみたいにブツブツってなってるのね。でも、アキレス腱が切れたのだったら、入院しなくてはだめなんだよ。まあ、よかったほうだよ」

説得力のある話を聞いてから、必死に松葉杖をついて、車まで行き、次男を迎えるために保育園に向かった。

子供たちの優しさに助けられ

次の日から、松葉杖での出勤が始まった。

保育園では、わたしは車から降りずに、5歳になっていた次男に、着替えも弁当も持たせて降ろした。保母先生も、付合いも長かったので、わかってくださり、

「さとし（次男）、おはよう、早くおいで」

と迎えてくださった。次男本人も、自分のことは出来るようになっていたから、ほっとして学校へ向かった。

学校では、大騒ぎ。

「先生が、松葉杖だよ。どうしたの、階段上がれるの？」

「大塚先生、大変だよ。でも、どうせなら休めばいいじゃん。俺ら、自習で遊べるよ」

「先生、体育どうするの？　掃除は？」

わたしの教室は2階にあった。昨日は必死で歩いた階段も、松葉杖だと、転びそうで怖くて上がれない。給食用のエレベーターを使わせてもらい、教室まで行った。

授業は、口だけで、何とかするしかない。教科が変わるたびに、教科書を本箱から子どもに取ってもらって座ったまま授業した。


そんなこんなで、1ヵ月ほどの松葉杖生活が続いた。

教務担当のS先生が、その間、体育を受け持ってくださった。外に出て行けないわたしに代わって、校庭掃除を見てくださった同学年の先生もいる。栄養士の先生は、毎朝エレベーターのカギを開けて、待っていてくださった。

たくさんの方にお世話になったが、一番世話をしてくれたのはクラスの子ども達だ。

子ども達が、けがをしたわたしにしてくれたたくさんのことを、笑いと涙とともに、思い出す。

足が曲げられないと、トイレは、洋式でないと使えない。1階まで降りていくのは大変。どうしようと考えているとき、

「先生、この階の、男の便所の、洋式のところがきれいだよ。だって、俺らぜんぜん使わないからな」

と、T男の声。

「一緒に便所まで行ってやるよ。おーい。先生が松葉杖でとおるんだ。危ないからどけよ」

と、先導してくれた。一番奥の洋式の個室に入ると、なんとカギがこわれていて閉まらない。

「T男チャン、ここ閉まんないよ」

「いいよ。俺、押さえていてやる。しょうがないなあ」

と言うと、トイレ個室の戸の下から、T男のうわばきの足が出て、押さえてくれた。

朝、職員玄関に近いところに車を停めると、M美とO子が待っていてくれる。そして、車のドアを開けわたしの荷物と松葉杖を座席から引っ張り出して、持ってくれる。職員玄関まで一緒に歩いてくれて、靴箱から、うわばきをひとつ、(右足だけ)はきやすいように出してくれる。

それが、毎朝続いた。

Y子とKは、休み時間に遊びにも行かずに、職員室からお茶を運んできてくれた。同学年の先生が入れてくれたお茶を、

「熱いぞ。今日は、日本茶だよ。いいな、先生はお茶飲めて。ボクは、水飲んでくる」などと言いながら、持ってきてくれた。

痛くて、不自由で、情けない、松葉杖生活ではあったが、宝物のような思い出を、残してくれた。

こんな子ども達に、何か残してやれたのだろう

大塚さんが生徒からもらった手紙。
松葉杖を両腕に持っている

か。

数年たって、このクラスにいた一人の男児が、志望高校に入学したことを報告しにきて、こんなことを言った。

「中学での部活、練習がきつくて大変だったんだ。やめようかと思ったけど、大塚先生が松葉杖で授業してたこと、なぜか思い出して、もうちょっとやろうと思ったんだよ。そしたら、最後まで続けられた」

教師は、子どもに教えることが仕事だけれど、教えられることのほうが多いなあ、幸せな言葉をもらったなあと、本当にうれしかった。

サンプル③　「全共闘・高度成長の時代を生き抜いて」　江渕繁男さんの自分史より

自分史は誰のために書くかという問題だが、江渕繁男さんは、「まえがき」をこんな書き出しではじめている。

自分史を書きます。何のためか、誰のためか、今のところわかりません。何を書くのか、どこまで書けるのかもわかりません。もともと日記を付けるのが大嫌いの私です。なぜなら、なんか気恥ずかしいし、ナルシスト的で女の子趣味だから。

結局、一学期の終わりに、江渕さんは自分が60歳で定年になるところまでを書き、「あとがき」をこう結んだ。

とりあえず、60歳で定年になった所まで書きました。「とりあえず」と言うのは、まだ書き足らない所が有ると言うことではなく、５年後か10年後に又書きたいと言う事です。その時には多分違う物の見方で別の事が書けるのではないかと思います。

書き始めには、誰のために書くのか分からないと思いましたが、書き終えてみると「自分史は自分のために書くのだ」と言う事が分かりましたし、読んで貰いたい人も誰なのか気がつきました。「自分の孫です」。

祖先にこんなおじいちゃんが居たんだという事を伝えたい。したがって、この自分史の副題を「まだ見ぬ私の孫達へ」としようと思います。

書き終えた瞬間のほっとした達成感が「これでいつ死んでもいいいな」とも感じま

したが、まだまだ若い、今まで以上に旺盛な好奇心をもってセカンドステージを生き抜き、「自分史続編」を書ける様頑張ります。

「孫に読ませたい」と書くだけあって、江渕さんの自分史は、祖父のことまで、しっかり書き込んである。江渕さんの祖父は、明治時代、門司税関長を務めた人で、父親は日本銀行の門司事務所長（後に門司支店長）と熊本支店長をやった人だ。

その頃は日銀の支店長などというと、地方では別格の経済界有力者だった。母親の話によると、「お手伝いさんのお手当て・電気・水道・ガスは勿論、電話も新聞も全部タダ（銀行持ち）」だったそうである。

門司でも熊本でも、日銀の幹部の社宅は特別に大きく、

どちらも庭はかなり広く、築山があり池には数十匹の緋鯉が泳いでいて、夏になると芝の良く手入れされたその庭で、職員の「納涼パーティー&映画会」の開催。秋には、「パン食い競走のようなミニ運動会」も行われていたほどの広さで、学校帰りの友人たちとの絶好の遊び場になりました。三角ベースをするにも充分でしたし、飼い犬を散歩に連れて行くこともありません。スピッツのシロや肥後犬のゴン

はいつも勝手に庭を走り回っていました。

　一方建物も大きな平屋で、食堂や居間・両親の寝室・親父の書斎、さらに4人兄妹が一部屋ずつ貰ってもまだ半分以上部屋があまっていて、通常は使わない広間や客室などは週1回の風通しのため、雨戸を開けに用務員さんが来ていました。

　というほどだったという。このあたり、かつての日銀支店長に与えられていた社会的ステータスの高さにビックリする。

新宿騒乱事件の目撃者

高校は熊本県立済々黌(せいせいこう)高校で、大学は立教大学に進学した。高校大学では、はじめ勉強より山岳部の活動をもっぱらにしていたが、ひょんなことから、反戦運動にまきこまれていく。


　1967年、巷(ちまた)では反戦運動の大きなうねりが起こり始めて、新宿西口のフォークゲリラがテレビの報道番組に何度も取り上げられていました。

　春休みが終ったある土曜日の夜、長久眞三君と私はいつもの様に学校帰りに新宿東口にあった「丘」と言うスナック（当時はバーといっていた）に出掛けました。（略）カウンターに5〜6人、ボックスと呼ばれる椅子席に4人位しか入れない小さな店です。（略）われわれ二人が狭い階段を上って店に入ると、若い手伝いの、ゆみちゃんという女性が「西口どうだった？」と聞いてきました。「いやあ、西口は通って来なかったので分からない」と答えると、「そう、でも今、日本の社会が変わろうとしているのよ」と、なんか気になる言い方でした。

その夜飲み終えて、店を出た長久君と私は西口を覗きに行きました。そこでは、我々とほぼ同年代の若者たちが幾つかの人の輪を作り、その中心にギターを抱えたリーダー格の人がジョーン・バエズの「We Shall Overcome」などの反戦歌を歌っていました。立ち止まってよく聞いてみると、ベトナム戦争反対を叫び、米軍機による北爆を止めさせようと言っていました。

さらに聞いていると、「東京多摩にある米軍横田基地から飛び立ったB52と言う戦略爆撃機が、グアムの米軍アンダーセン基地で爆弾を積み込み、北ベトナムのハノイを空爆している。そこでは幼い子供たちまで何万人も亡くなっている。横須賀で陸揚げされた航空機燃料が米軍のタンク車（燃料輸送列車）で横田まで運ばれるのだが、それが毎夜この新宿を通っている」と言っていました。

「その貨物車を一日でも止めることが出来れば、ハノイの子供たちの命が一日のびる。だから、この新宿駅にみんなで集まって、タンク車を実力で止めよう」とも言っていた。

数日後、新宿駅に行くと「べ平連」と書かれた白いヘルメットをかぶった人たちを中心に数千人が抗議集会を開いていました。盛んにアジ演説をしたり、歌を歌ったりしていて、こんなことで「米タンク車」を本当に止めることが出来るのかな？と思いながらその集会に参加していたそのとき、とんでもないことが起こったのです。


これが「米タン阻止闘争」と呼ばれた闘争で、学生運動やベトナム反戦運動が学園の外に出て過激な街頭闘争化していくきっかけになっている。米タン阻止闘争が1967～68年に新宿駅を中心に行われたため、1968年の新宿騒乱事件につながっていった。そのあたり、江渕さんの自分史に記述されているとおりである。

新宿西口の淀橋浄水場の方から「反帝」とか「反スタ」とか書かれた青いヘルメットをかぶったデモ集団が現れ、阻止線を張っていた警視庁機動隊に突っ込んでいくのです。何度押し返されてもまた、態勢を整えて突っ込んでいき、機動隊員の持つジュラルミン製の盾で殴られてもひるむ事無く、突入を繰り返していました。その一団の若者の目はなんと表現してよいのか分かりませんが、明らかに「ベ平連」の集会にいる連中とは違っていて、我々は強烈な衝撃を受けたのです。

あの「反帝」とか「反スタ」と書かれた青ヘルメットの連中は何者なのか？ 例のスナックの「丘」に行って、「ゆみちゃん」に聞くと、「彼らはプロ統派」という答え。

「ふうん、プロフェッショナルなんだ」と言ったら、「違う、プロレタリア統一戦線派」だと、ゆみちゃんにたしなめられました。「彼らの事をもっと知りたい」と言う我々に、ゆみちゃんは「山崎さんに聞きなよ」と答えてくれました。

山崎さんは、日大三高山岳部のOBです。早速山崎さんに会って、話を聞くと、「よし、うちに入れ」。それが、日本社会主義青年同盟・解放派・反帝国主義学生評議会連合（社青同解放派・反帝学評）でした。

まず、理論武装です。「共産党宣言」はもとより、多くの左翼系の本を読んだりアジ演説を聞いたり、議論をしていくうちに、いっぱしの活動家がうまれました。

こうして江渕さんは、九州の田舎出の、もっぱら山登りに熱中していたお坊ちゃん学生から、急にいっぱしの反戦運動活動家になってしまったのである。その頃、皆とよく声を合わせて歌っていた歌が次のように記されている。

（網走番外地のメロディーで）
はるか～　はるか彼方にゃ　機動隊
空にゃ　真っ赤な　旗の波
国会突入　目指してる
その名も　反帝全学連

その時はまだ立教には学園闘争が起こっておらず、日大全共闘が「神田三崎町をカルチェラタンにしよう」と機動隊との攻防戦を繰り返していたのを手伝いに行ったり、後に成田闘争へと拡大してゆく芝山・三里塚の集会や、法政大学に外人部隊としてバリケード封鎖の手伝いにも行きました。

反戦運動の活動家になったものの、立教大学では活動の現場がないから、あちこちの現場に手伝いに行っていたのである。

そして1968年10月21日の国際反戦デーがやってきた。世に言う新宿騒乱事件である。

10月21日、「10・21国際反戦デー」の新宿は昼過ぎから日比谷野音や明治公園で国際反戦統一行動の集会を終えた各セクトと反戦を唱える市民が集まって来ました。

あくまで国会突入を目指す反帝学評の本隊とは別に「サークル叛(はん)」と名乗る組織に属した我々も、南口の陸橋上にいた「楯の会」の投石を避けながら明治通りを東口に進みましたが、国鉄の貨物基地（今の高島屋デパートあたり）に待機していた機動隊に阻まれ、立ち往生したまま時間が過ぎて行きました。

この年、わたしも同じような現場を、講談社の『週刊現代』『月刊現代』の記者グループの一員としてタクシーをチャーターして、あちこち動きまわりながらデモ取材をしていた。その頃、秋葉原で買った警察無線の傍受装置を車に積んでいたので、どこでなにが起こりつつあるか、すぐ情報を入手して、ことが起きつつある現場を欠かさずフォローして走り回っていた。そういえば、その過程でたしかに「サークル叛」というよくわからないグループの旗を見た記憶がある。

また、このとき三島由紀夫と「楯の会」グループが左翼革命運動グループに対抗して、あわよくば右翼テロ活動を起こさんとして、現場に来ていたことが歴史的事実として知られているが、そのグループの活動を傍から現場で目撃していた証言がこういう形で出てくるのは、きわめて珍しい。後の三島切腹事件は、この日三島が感じた絶望感（右翼もダメだ。警察もダメだ。機動隊もダメだ）がもとになっているだけに、この証言（極左グループの実力行動が騒乱罪適用寸前まで荒れ狂っているというのに、それに対して楯の会は南口の陸橋の上から石を投げるぐらいのことしかできなかった）は貴重である。

さらに江渕さんの証言は次のように続いている。

夜8時を過ぎた頃に降り出した雨と共にTVニュースの情報として「ついに騒乱罪が適用された。機動隊に『デモ隊全員逮捕』の指令が出た」との噂が伝わりました。さらにしばらくすると、圧倒的勢力の機動隊がデモ隊を追っかけ始め、集まっていた集団は、あっと言う間に散っていったのでした。

この頃から機動隊の強さがやけに目立ち始め、その後どんな集会のデモ隊もすぐに蹴散らされるようになり、闘争の形態として従来のデモだけでなく、非公然地下組織としての「武装集団」の必要性が方々で論じられ始めたのです。

そういう流れの中から、本気で武装闘争を起こすことをめざす超過激派の赤軍派、京浜安保共闘とか、爆弾戦争に向かう「東アジア反日武装戦線〝狼〟」などのグループが生まれてくるのだが、江渕さんたちは、そちらの流れには向かわず、全く別の方向に流れていった。

立教大学の学園紛争

憂さ晴らしと言っては何ですが、池袋文芸坐という東口の映画館に通い「昭和残侠伝・唐獅子牡丹」の高倉健さんや池部良に男の美学を感じたりしていたのもこの頃です。

もちろん、硬派系だけでなく、同じく池袋東口にあったジャズ喫茶「ドラム」にも通いました。奥村チヨが「ごめんねジロー」を歌い、バックのバンドはブルージーンズやドリフターズでした。水割り1杯で2時間ぐらい粘ってました。

そんなある日、立教に戻れという連絡が来ました。いよいよ立教の学園紛争の始まりです。

それまで過激な学生運動とは無縁と思われていた立教大学で突然、学生運動が盛り上がりはじめたのである。

きっかけは、一般教育部（他の大学での一般教養教育課程にあたる）の高橋武智助教授が、ベ平連の米軍脱走兵士支援活動に協力する過程で、「脱走兵士の所有していた軍用拳銃を預かっていた」という証言をもとに、家宅捜索を受けたという事件があった。そのことをもって、この教授の仏文科教授への移籍を許す許さないの騒動が仏文科でもちあがった。それに学生の支援グループが加わって、学生運動がないことで有名だった立教大学にアッという間に、学生運動の火が燃え広がったのである。

前年から日大、東大などで学生運動が大きな盛り上がりを見せ、この年のはじめには東大安田講堂の籠城事件を機に全国の大学に大学紛争の火が燃え広がっていたところだったから、立教大学でも何か機会さえあれば、いつ火が点いてもおかしくない状況だった。

文学部仏文科闘争は教授会との大衆団交、文学部6号館バリケード封鎖そして高橋助教授の事件を糾弾していた中心人物の教授の辞任と短期間に進み、それに呼応して経済学部・理学部・法学部、そして社会学部と各学部に共闘会議が組織され、それらが全学共闘会議へと一気に進みました。

同時に当時立教大学の自治会を支配していた日本共産党民主青年同盟、通称「民青」を追い出し、全共闘が闘争の主導権を握るまでは僅か2ヵ月足らずの事でした。

この騒動の中で、新宿のスナックでの縁から、反帝学評系の運動に学外でのめりこんでいた江渕さんが、いつのまにかリーダーの一人になり、大衆団交、バリケード封鎖などを経て、学内にテントを張ってのハンガーストライキをやるところまでいっていた。

このハンストの最中に、こんなエピソードがある。

2日目の夜でした。8時を過ぎて学内にひと気が無くなった頃、我々ハンストのテントを経済学部の山本二三丸教授が訪ねてきました。「おい君たち、気持ちは分かるが、若い時にこんな事をして体を壊しては何にもならん。これで、なんか食え！」と言い、たしか2000円だったと記憶しているのですが、自分の財布からお金を出して、その場に置いて行かれました。当時、山本教授はマル経の「経済原論」を教えておられ、タッカーホール（大講堂）で行われていたその授業はいつも経済学部生で一杯でした。その授業で習った「剰余価値理論」はプロレタリア革命に憧れていた我々にとってまさしく心酔する内容でした。

その山本教授の差し入れですから「それじゃあ」とこっそりテントを抜け出し、飯を食いに行ったのは当然の成り行きでした。

ハンストをやっていたはずの闘士たちがみんなでメシを食いに行ってしまったというのである。このエピソードでわかるように、立教大学の学生たちのこの闘争への腰の入れ方にはいまひとつ真剣味が欠けていた部分があったようだ。

それから間もなく、大衆団交で大学側は大幅譲歩するとともに、夏季休暇を1ヵ月前倒しで実施するという作戦に出た。その結果、学生のストライキは腰くだけになり雲散霧消してしまうのである。

スト突入宣言をしたその日は、ちょうど夏休みひと月前の6月15日であったため、学校当局側は、夏季休暇前倒しを発表し事態の収拾を図りました。その結果、大半の学生はキャンパスを離れ、抗議の全学ストではなく夏季休暇となってしまいました。

行き場を失った立教の学園紛争はこれを境に消滅への道を進むことになったのです。

ヘルメットからスーツへ

1970年に入ると、今度は就職を考えなければならない時期になっていた。しかし、この頃日本経済は好調だったから、学生運動をした学生も就職に苦労するということはなかった。

この年は「いざなぎ景気」がまだ続いていて、売り手市場で就職の門戸もかなり広い状況でした。私の希望は「本田技研工業」か「美津濃」、親父の推奨は「松下電器産業」でした。本田は企業イメージが良かったのと創業者「本田宗一郎」をモデルにした三船敏郎出演映画を見て感動した記憶があったから。美津濃は総合スポーツ用品メーカーであり、そごうデパートでアルバイトをしていた時に「来ないか？」と誘われていて、登山やスキーの用品で馴染みがあったからです。

この程度の情報で就職先を選んでいたのである。そして結局は、自分がいちばん行きたかった本田には行かず、松下に行くことになるのだが、その転換も、深く考えての決断などではまったくなくて、軽い不純な動機による思いつきからだった。

とりあえず本田を受験して一次合格を貰った頃、3月に始まった「大阪万国博覧会」が連日連夜報道されていました。「そうだ、松下を受ければタダで万博に行けるぞ！」ということに気づきました。入社試験が大阪本社で行われるため、受験する学生には、東京～新大阪の新幹線代と1泊の宿泊費が出るのです。

しかし、この軽い気持ちで受けた試験の結果が、江渕さんの後半生を決めることになる。

まず、英語中心の筆記試験で、テープレコーダーから流れてくる英語を聞きながら設問に答えるという形式のものでしたが、質問そのものが英語であったため、「日本語に訳せ」なのか「要旨を書け」なのかも分からずじまいで、ほとんど白紙で提出したことを覚えています。

当日の午後は面接試験でいろいろ聞かれましたが、ま、それなりに答えられました。ほとんどの受験生はスーツ姿で、学生服を着ていたのは私くらいだったので面接官から好感を持たれ、あまり難しい質問が出なかったのだと思います。

最後の質問は「我が社に入ってどんな仕事をしたいのか？」でしたが、一応、経済学部だったので「株価や資金の管理、財務関係の仕事をしたい」と答えると「うちには優秀な社員が大勢いるからそれはいい、もっと足を使う仕事をする気はない

かね？」と言われ「はい、何でも頑張ります」と答えてしまいました。
今から思うとこの「足を使う仕事」とは営業職だったのですが、その時は全く気づきませんでした。

高度経済成長期にあった日本の大企業が大量に必要としていた人材は、頭で働くエリートエグゼクティブ候補ではなく、足で働く営業職要員だったのである。英語答案がほとんど白紙だったのでは、前者と考えられず、後者と考えられても仕方なかっただろう。

人生の重大な選択

ここで一言いっておくと、江渕さん、松下に合格してからも松下にスンナリ入ったわけではない。実は大学卒業ギリギリになって、もう一つの進路との間で迷っていた。それは、プロスキーヤーになる道だった。

学生時代、江渕さんがいちばん熱中していたのは学生運動ではなく前から所属していた山岳部だった。なかでもアルペンスキーだった。そちらの腕前はなかなかで、日本人としてはじめて冬季五輪メダリストとなった猪谷(いがや)千春系のスキー学校のインストラクターを務め、日本職業人スキー連盟に属して、「アシスタント・インストラクター」の資格を持つほどだった。スキーが本当に好きだったので、将来、プロとして生きていくことができないものかとも考えていた。

思い切って帰山校長に「俺、プロスキーヤーになりたいんだけど」と相談すると、「エッ、君、松下に入るんじゃなかったの?」「はい、そう思ってたんですが、プロスキーヤーになって、スキーロッジを経営、ゆくゆくはレジャー産業業界にも進出したいと思うんですが」と私が答えると、「やめといたほうがいい。君はサラリーマンのほうが向いている。プロスキーヤーには向いてない。だって君、スキー下手だもん」と言われました。

「君、スキー下手だもん」の言葉にショックを受けて、「そんなに、オレ下手ですか」というと、こういう説明をしてくれた。

スキーに山登りに明け暮れた大学時代

「現在プロスキーヤーで成功している人たちのほとんどは、過去の華々しいキャリアを持っている。杉山進、井上恵三、野戸恒男、彼らは皆、オリンピック選手だった。三浦雄一郎は競技スキーのキャリアを持たなかったので、富士山やエベレストを滑った。君にはそれが無い、だからこの道での大成功は難しい」

この説得で、ギリギリのところで（あと2日以内に大阪に行って松下電器の寮に入ることが求められていた）スキーの仕事をあきらめて、最終的に松下に入社することを決めたのである。結局、あとから考えてみると、この間のほんの数ヵ月間のあいだに、人生の岐路を左右する大きな決断をバタバタとしていたことになる。

ただし、スキーインストラクターの仕事に相当深入りしたことは、江渕さんの人生において別の実りをもたらした。それはインストラクターの仕事を通して、ある実践女子大の学生と知り合ったことだ。

その中の一人に実践女子大の女子学生「松島富美子」という女の子がいました。スキーの技術はまあまあで、急斜面は不得意だったようでしたが、緩やかな斜面での滑りは結構うまく、本人も「緩斜面の女王様」とか言われてまんざらでもない様子でした。

しかし、私と同じ年なのにスキーでは自分の方が先輩だと思ったのか、私のことを「江渕君」と呼ぶのです。

しかも、この女子大生はちょっとだけ容貌も良くて、スキー場の皆にチヤホヤされていましたし、「六大学野球で実践は慶応を応援しに行く」などと言う話も聞いていたので、私はほんとに「イヤな奴」だと思っていました。

現在、この時の女子大生は60歳になりましたが、「お母さん」などと呼ばれて我が家にもう35年も住んでいます。

企業精神に染め抜かれて

江渕さんの自分史で面白いのは、松下電器に入社してからである。全共闘系学生運動の闘士だった男が、アッという間に、松下の社員教育によって骨抜きとなり、松下精神に染め抜かれた典型的松下マンになってしまうのである。

まず入社式である。

入社式は枚方（ひらかた）の体育館で行われ、高校・高専・短大・大学・大学院卒合わせて新入社員はなんと総勢約３０００名で、その中でも理科系大卒５００名、文科系大卒３００名のまさにマンモス企業ならではの入社式で、「松下幸之助会長」が出席されていたのが印象的でしたが、どんなスピーチの内容だったかは覚えていません。

社員教育最初の１ヵ月は、本社で松下の経営理念の学習。次の３ヵ月で販売実習。そして最後の３ヵ月が製造実習である。そのあと全国各地の営業所、工場などに配属されて実務につくという運びになる。

最初の経営理念学習の中心にあるのは「綱領」「信条」「七精神」と呼ばれる松下の基本理念だった。それは、

大学を出たばかりの我々、とりわけ学生運動に携わった事がある者たちにとって、精神的にはかなり抵抗感のある授業が続きました。「本当にここの社員全員がこんな事を思っているのだろうか？　とても私には理解できないばかりか、反感すら覚える」と思い始めていました。

というような内容だったが、それを座学として学ぶだけでなく、松下では毎朝全社員がこれを「朝会」で唱和させられる。

松下電器では毎朝、始業時に朝会が行われます。儀式と言ってよいのかもしれませんが、生産工場・技術部門・事務部門でもすべての職場単位で朝の恒例行事になっています。

内容は、始業5分前からラジオ体操風のマツシタ独自のストレッチ体操がメロディーに合わせて始まります。すると、職場全員がフロアーの真ん中あたりに集まってきて体を動かします。体操が終わると始業のチャイムが鳴り、社歌のメロディーが流れ、全員声を合わせて歌います。歌が終わるとその日の当番が小さな壇上に立ち、巻物を広げ、当番に合わせて全員で唱和します。その巻物には、松下電器の「綱領」「信条」「七精神」が書かれているのです。

朝会はさらに続く。

その次に、挨拶の練習でこれも全員唱和です。「おはようございます。いらっしゃいませ。ありがとうございました」さらに、その部門の責任者が壇に立ち「今日も一日元気に頑張りましょう」と言うと「頑張りましょう」と全員が答えて朝会は終わり、席について仕事が始まります。この間約10分強です。

さらに、一日の勤務時間の終わりの定時になるとまたチャイムが鳴り今度は夕会です。自分の机の傍で立ち上がるだけですが、やはり流れてくるメロディーに合わせて、「行進曲」を歌い、部門長が「ご苦労様でした」と言い、全員が「ご苦労様でした」で終わります。

連日朝な夕なにこういうことをやらされ、その上新入社員たちは全寮生活で、毎日毎夕懇親を深めあっていくうちに、次第にこれが当たり前の生活になっていく。

嫌々聞いていた授業も３週間も経つと、なんとなく「ふーん、そんなもんかなあ？」と思うように気持ちも少し変化してくるし、新入社員同士の仲間がどんどん友人になっていき、毎晩寮の近くでの懇親会は大いに盛り上がったりもしました。

この時の友人たちの何人かはその後の定年までお付き合いをさせていただきまし

た。

松下マンの作られ方

次は販売実習と製造実習である。

本社での研修が終わり、5月の連休明けには「販売実習」が始まりました。新入社員全員が全国の「ナショナルショップ」と呼ばれる町の電気屋さんに「丁稚小僧」として派遣されるのです。当時は大型家電量販店などはまだなく、この「町の電気屋さん」が販売の最前線です。

私は、大阪吹田の「旭電化」に一人派遣されました。そのお店は駅前商店街にあり、年配のご店主と3人の若い従業員の4人世帯でしたが、月の売上げは結構あったと思います。従業員は電気工事士の免許を持っていたのでクーラーなどは販売から設置まで、テレビはアンテナ立てなどすべてができていましたし、製品の修理もかなりのレベルまでお店でこなしていました。（略）9時開店の30分くらい前に行き、お店の前の道路の掃除から一日が始まります。この研修期間中は週休2日制はストップ、土曜も日曜も出勤します。

あっという間に3ヵ月が過ぎ、販売実習も終わりに近づいた頃、お店の皆で、私の送別会をしてくれました。その時ご店主が「あんた頑張って、えろうなって、店、また覗きに来てな、楽しみに待ってるでー。それまで、店、潰さんように、わしら頑張るさかい」。

松下電器は一つの会社ではなく、そこに縁のある人たちの作る大きな社会グループなんだと強く感じました。「そうか、研修で習った幸之助会長の精神はこういう事なんだ」とも。

8月の夏休み明けからは「製造実習」が始まります。これも新入社員全員が対象で、色々な生産事業場、つまり工場のラインに入って実際に物造りを3ヵ月間体験するのです。私が行ったのは「プリント基板工場」でした。私は運良くその品質管理部門で試験のデータ整理が中心の仕事でしたが、一緒にプリント基板工場で実習した仲間はメッキ工程で長靴を履き、基板の入った鉄製のかごを水で洗浄する重労働もしていましたし、固定抵抗器工場に行った同じ独身寮だった仲間は、毎日カーボンの粉で真っ黒になって帰ってきていました。

入社して7ヵ月、「経営基本方針」「販売実習」「製造実習」を終えた我々71年度新入社員はもう一人前の松下マンになったつもりでいましたし、商品に対する愛着心も、しっかりと芽生えていました。

日本型の企業社会では、松下のような巨大メーカーの大企業に就職するということは、巨大なファミリーの一員になるのと同じことで、下請けや流通の末端まで含む巨大系列経済社会の中に組みこまれ、カルチャーやものの考え方、感じ方までその巨大ファミリーの一員にふさわしい個性を帯びさせられてしまうとよくいわれるが、江渕さんが入社して1年間の新人社員教育の話を読んでいくと、なるほど、このようにして松下マンは作られていくのか、とわかってくる。これは松下にかぎっての話ではなくて、日本の大企業の大部分で、このようにして忠誠心がきわめて高い企業人が作り出されていったのである。

さあ、いよいよ一大関心事の「配属発表」です。

私の配属先は「東京電子部品営業所」と聞いてホッとしました。

ホッとしたというのは、配属先が東京だったからである。配属先は北は北海道から南は九州までどこでもありえたが、それなりに土地カンがある東京に決まってホッとしたのである。

配属されたのは「関連会社営業部」で、具体的に担当したのは松下と資本関係にあった関連会社の日本ビクター（ＪＶＣ）だった。

とにかく新人セールスですから、体育会のノリで「はい。はい」とやって結構受けが良く、得意先からもかわいがって貰っていました。

そこに、新しい商談が起こりました。「アルミ電解コンデンサー」を松下製に切り替える話です。このとき私は嬉しさ半分、悩み半分だったのです。

確かに、販売が増え私の業績は良くなるのですが、今まで納入していたメーカーは販売がなくなってしまいます。まして私は独身の新入社員ですが、この会社の営業は結構年配の見るからに気の弱そうなオジサンです。なんだか、気の毒になってしまいました。

その事を、当時の上司であった営業部長に話をすると、「フーン、君は心優しい良い子だね」と言った後、突然大声に変わって、「馬鹿！　そんなヤツは早くセールス辞めてまえ！」と怒鳴られてしまいました。

その時、甘ちゃんの新入社員が少し成長したのだと思います。

「ベータかVHSか」決断の真相

こんな修業時代を経て、しばらくしてから、日本の家電事業の歴史に特筆される大きな出来事にかかわることになる。それは家庭用ビデオの規格問題である。

家庭用ビデオの世界では、はじめ技術的に先行していたソニーのベータマックス方式がマーケットもおさえていたが、後発メーカーの日本ビクターが開発したＶＨＳ方式も急速に追い上げており、市場では両方式が激しいつばぜりあいを演じていた。両陣営とも市場に新規参入してくる仲間を増やそうと、激しい誘致合戦をしていた。態度を明確にしていない最大手が松下だった。松下がどちらにつくかで、この方式合戦の行方が決まると思われていた。松下にはもう一つの選択もあった。それは松下の子会社松下寿電子工業が作ったＶＸ－２０００という別方式だったが、技術的にはいまひとつの評判だった。

家庭用ＶＴＲはすでに相当の売れ筋商品となりつつあり、ポストカラーテレビの本命と目されつつあったから、松下としても早く決断する必要があった。その決定的な決断の場面に江渕さんがからむことになった。それは江渕さんの「会社人生の中でも最も忘れられないこと」として記憶に残っている。

日本ビクターは、そもそも江渕さんが担当する会社で、江渕さんが担当するもっとも高額の電子部品プランビコンの主要な納入先だった。これは放送用ＴＶカメラの撮像管で、日本ビクターは、この撮像管をもとに放送用ＴＶカメラを作るメーカーでもあった。

そして、日本ビクターで、ＶＨＳ方式の家庭用ＶＴＲを開発した部門と放送用ＴＶカメラを作っていた部門は、同じ、日本ビクター・ビデオ事業部だったのだ。

この頃、日本ビクター・ビデオ事業部の事業部長は後に「ミスターＶＨＳ」と呼ばれ家電業界の大御所となった高野鎮雄さんでしたが、当時はまだ小さな事業部だったので、事業部長が資材部長を兼務されて居られました。

資材部長としての高野鎮雄が、撮像管プランビコンの買い手だったから、江渕さんは毎日のように高野さんのところに顔を出していたのである。

実務の話はあまりなく、ほとんどは雑談だったように記憶していますが、ある時、「君んとこの、おじいさんに呼ばれて本社に行くんだが、駅は門真(かどま)でいいんだよね？」「いえ、松下本社の住所は門真市ですが、駅でいうと守口市駅です」と答えながら、「なにかあるんですか？」との私の問いに、高野さんは「うん、ウチのVHSが見たいから持って来いと言われてるんだ」と気さくに答えてくれました。「荷物があるなら守口市駅からタクシーで行くのが良いのですが、朝などはタクシーがいないこともあるので」と私は、駅から松下本社までの地図を描いて渡しました。

「君んとこの、おじいさん」とはもちろん、松下幸之助会長である。

数日後、また高野のところに顔を出して「どうでした？」と聞くと、詳しい話をしてくれた。

松下の本社に行くとすぐ部屋に通された。その部屋には既にソニー製のベータと松下寿（四国にある松下の子会社）製のＶＸ－２０００がセッティングされていた。高野事業部長と井上技術部長がＶＨＳのセッティングを終えるとすぐ幸之助会長が現れ、３種類のセットのデモンストレーションが始まった。

ＶＸ－２０００にはまったく関心を示さなかったが、ベータとＶＨＳは繰り返し何度も映像やセットのふたを開けてシャーシー基板を見つめた後、幸之助会長はこう語った。

《以下、高野さんの如是我聞（にょぜがもん）》

「はー、盛田はんは、えーもん作らはったなー。ようでけてるわ。そやけど、どっちもおんなじエー出てるわな。こっち、もっと頑張ったら、ようなるで。うちは、こちにしょ」

《以下、私なりの解釈文》

「むーん、ソニーの開発したベータ方式のＶＴＲは実によく出来ているね。部品点数や機能面からみてもセットとしての完成度は高い。しかし、まだ完成度の低いＶ

ＨＳと画質などの基本性能は同じだ。したがって、ＶＨＳは更に改良すれば、ベータより高性能になることが期待できる。松下電器はＶＨＳ方式を正式に採用することにしよう」

こうやって、世間が注目していた方式合戦は方向性が決まったのです。その後松下に続いて、三菱・日立・シャープがＶＨＳ陣営に入り、更に数年後にはベータ陣営だった東芝・三洋がＶＨＳの生産をはじめ、さらにはその盟主であったソニーまでもがベータの生産をやめてＶＨＳの軍門に下ることになったのです。

私は、家電業界を揺るがした「ＶＴＲ戦争」の開始に立ち会ったような気がしたのと、経営の神様と言われた人の経営判断の思考過程をミスターＶＨＳから聞くことが出来たことを、今でも自慢に思っています。

［3］「ファミリー」、そして「恋愛」の書き方

以上、「戦争」「女性の社会進出」、そして「学生運動と高度経済成長」といったテーマの、それぞれ個性的な3人の自分史をざっと眺めたところで、今度はまったく別のテーマに目を転じてみたい。

自分史を書く上で大切なポイントの一つは、自分のファミリーがいかに形成されていったかを描く「ファミリー・メーキング」の視点である。人生の前半、とくに子供時代は、誰にとっても自分のファミリーは与えられたものとしてそこにある。物心ついたときから、それはすでにそこに存在していた。家族は誰にとっても世界のいちばん基本的な枠組みの一つである。世界認識はそこからはじまる。家族は自分にもっとも近い世界の一部であるとともに、最初の他人でもある。自分と家族と他人を峻別するところから、ヒトの社会認識、人間界認識がはじまる。

いずれにしろ、人生の前半においては、ファミリーは与えられたもの（与件）であると同時に、当分の間それに依存して生きていかなければならない依存対象でもある。しかし、人生の後半においては、ファミリーは自分が主体的に作っていくものとなる（もちろん家族の形態にはいろいろなタイプがあり、生涯独身を貫く人が男にも女にもいるが、ここは標準タイプということで、話をすすめていく）。

ファミリーを作りはじめたときから、ファミリーは依存対象から自分が依存される対象となる。したがって、自分史の後半の相当部分において、自分史はファミリー史の性格を帯びてくるはずだ。

人生の前半部分と後半部分の中間地点あたりで、男も女も生涯の伴侶を得て（あるいは得たつもりになって）、結婚する。結婚の前段階である恋愛、あるいは婚活・お見合いを経て結婚にいたるまでが、男女とも自分史の一つの大きなヤマ場になるはずだから、そのあたりをしっかり書きこめと指導した。

それとともに、もう一つ言ったことは、結婚に結びつくような大恋愛でなくても、青少年時代の恋愛感情の一つや二つは誰でももっているはずだし、もっといえば、最初に特定の異性に対して関心を抱いた思い出がたいてい小学生ぐらいからあるはずで、それがその人のいちばん古い記憶に結びついていることも多いだろうから、そういう思い出がある人はそれをぜひ書くようにとも言った。

このアドバイスに従って、いろんな人が「それ的」な思い出を少しずつ書いているが、これがなかなか面白いので、ここでは真面目な自分史の話をちょっとお休みにして、そのうちのいくつかを肩のこらないエピソードとして紹介しておく。

たとえば、面白い自分史年表（第2章参照）を作った松本哲夫さんは、こんな中学時代の思い出を書いている。

同じクラスにMさんがいた。笑顔がかわいくて、声が良くてコーラスをするとき

はリーダー的存在だった。クラスのいろいろな係も引き受けてやっていた。

あるときからMさんの存在が気になりだした。休み時間には話をする機会が持てるように行動した。話をしたのは学校の中だけだったので、積極的に声をかけて話をしたので、周りの同級生にもすぐわかってしまった。どちらかと言うと、こちらからの一方通行で、高校は別のところに進んだので、それで終わった。

数年前のクラス会で40年ぶりぐらいに再会した。高卒でOLとして就職したMさんは、知らないうちにキャリアウーマンになっていた。60を超えてまた新しいビジネスにチャレンジしているようである。

オレは「7時半の男」

同じく第2章で取り上げた「車好き」の関守男さんは、〈将来の伴侶との出会い〉という箇所で、奥さんとの運命的な出会いについて書いている。

学生時代に、高校のときの女友達に誘われて志賀高原を訪れた関さんは、そこで町議選に出馬する叔父を手伝うために志賀高原に滞在していた女性（関さんの女友達の友人。以下「選挙応援の友達」）と運命的な出会いを果たす。

特に「選挙応援の友達」は、大きい目をキョロキョロさせ、口先をとがらせて話す様子が可愛くて、私は「結婚するかもしれない……」と直感したのを覚えています。

「結婚するかもしれない」との直感を「赤い糸」と勝手に思い込んだ関さんは、猛烈アタックを開始し、上野の東京国立博物館での初デートに持ち込み、数週間後には交際をスタートさせた。

当時は携帯電話などありませんから、いろいろな方法を考えました。最初は手紙、そして電話。駅での待ち伏せ。学校への押しかけ。最後には自宅へ踏み込む。嫌われても丸め込む。まるでストーカーのようでしたが、私の強引さが功を奏し、誰もが認める「彼と彼女」になりました。彼女の家の門限である午後7時を守り、スーパーで買い物し、自宅へ送るのが決まったデートコースとなりました。彼女の両親が共に仕事をしていたため、夕食の支度を担当する必要があり、門限が7時になっていたのです。

「7時半の男」。当時、巨人軍の宮田投手が「8時半の男」と呼ばれたように、彼女の家では私のことを「7時半の男」と呼んでいました。7時に送り届け、私が家に戻ると7時半。すぐに「家に戻りました」との電話をしていたため、「7時半の男」と呼ばれたのです。

「芭蕉の笠」の話で第1章に登場した辻野長さんは、1968年に立教大学に入学した後、ヨット部に仮入部する。当時は加山雄三の「若大将シリーズ」の全盛期で、本人いわく、「海」「ヨット」と「青春」がオーバーラップしていたのだという。だが、入部から間もなく葉山で行われた合宿で、早朝の飯炊きから合宿所の掃除、船舶の陸への引き揚げから艇内の磨き掃除までやらされ、大いに後悔する。

意気消沈する辻野さんの耳に飛びこんできたのが「東京六大学ヨット部合同ダンスパーティ」だった。「どうせ、ヨット部を辞めるんだったら、これを最後にしよう。きれいな女学生と踊れるなんていい思い出になるな」と考えた辻野さんは、下宿の隣部屋に住んでいた大学院生に「ネクタイの結び方」を教わり、パーティ会場へと向かう。

ダンスは、フォークダンス以外はもちろんやったことがなかったが、映画やテレビで見るダンスのシーンを何気なくイメージしているだけで、「なんとかいけるだろう」と楽観的であった。

ところが、当日、1年生の辻野さんに与えられたのはチケットのもぎり役。華やかな音楽や楽しそうな声が会場内から漏れ聞こえる中、辻野さんたち1年生はずっと外に立っていた。

1時間がたっぷり過ぎ、いよいよ宴が佳境に入ってきたころに、先輩が受付の私たち1年生に「どうもご苦労さんだった。そろそろ中に入っていいよ！」。

さあ、待望のダンスだ、綺麗な娘子を見つけてと、ワクワクしてミラーボールの中にいそいそと入っていった。先輩が待ち構えていたように「こっちだ！　こっちだ」と私たちをホールの片隅に誘導して連れていかれた。

「何でしょう？」と薄暗くて安っぽい照明の逆光ごしに尋ねた。

「ここで、終わるまで、レコード（当時は当然ＣＤではなく、あの大きなＬＰレコード盤）をかけていてくれ」「曲順、レコード盤のかける順番は、ここに並べてある順番でいい」。

ラストナンバーには、チークタイムのムードにうってつけの「アンチェインド・メロディー」をかけるように指示、命令された。指示され、命令されたのだ！　ヨット部の、部費稼ぎのためのダンスのチケットを自前で買って！

金を、それもナケナシの仕送りの金を払って、なんと「もぎり」と「レコード係」という裏方の仕事を「命令」されたのだ!!

会社の上司に、なかば強引（？）に未来の伴侶を紹介されたのは、第1章の冒頭で紹介した継潔さん。

昭和47年5月の連休を前に、上司の東海林部長から、私の同僚と一緒に、「家に遊びに来い」と誘いを受けた。

5月5日、日吉の東海林部長のマンションを訪ねると、一人の女性が先客として来ているのに居合わせた。板尾と名乗る女性で、彼女のお兄さんは東海林部長と立教大学時代の同級生とのことであった。東海林さんの奥様（「こちら現場の東海林です」のフレーズで有名なレポーターの東海林のり子さん）の手料理をいただき、私は歓談し、彼女を特別意識することもなく帰宅したのである。

連休明け出社すると、東海林部長から「この前の女性をどう思う、特定の彼女がいないなら板尾さんと付き合え」。一方的な話である。

「素直な明るい女性とは思いましたが……急に付き合えと言われても！」と戸惑う私に、「言い訳は良いから彼女と付き合ってやれ、否なら会社首だ！　この番号に電話してやれ」

追い討ちの脅迫を仕掛けるのであった。


東海林部長の脅迫に、しぶしぶ電話をかけホテルニュージャパン（昭和57年に火災事故で33人の死者を出して閉鎖）の喫茶店で会う約束をした。これが家内となる板尾礼子との出会いの顚末（てんまつ）である（略）。

「恋愛結婚ですか、見合い結婚ですか」と聞かれると、結婚当初でも今でも「会社上司の脅迫結婚です」と礼子には内緒で返答する私なのである。

二人きりで聞いた玉音放送
ラブロマンスではないが、きわめてユニークな異性との「接近話」を書いているのが、セカンドステージ大学で最年長学生だった木村静枝さん。彼女は1922年生まれだから、現在91歳（2013年時点）。当時、商社マンをしていた父の勤めの都合で、小学生時代の一時期を台湾の台北で過ごした。当時、日本が台湾を植民地化し、「台湾総督府」があった時代のことである。

僅か一年間であったが、台北の生活の想い出は多い。

植民地時代の経験者は、もう日本でも台湾でもきわめて少なくなっているから、次のような体験記は貴重である。

学校生活では、何も覚えていないが、一つだけ、時々スコールのような一時的な雨に見舞われる。それが下校時だったりすると、先生はすぐ人力車を呼ぶ。近所の男の子と一緒に乗せられて帰るのが常だった。

他には、戸外でよく見かける纏足（てんそく）

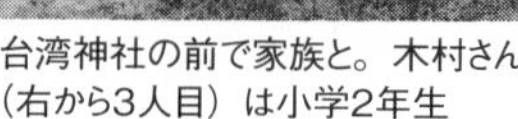

台湾神社の前で家族と。木村さん（右から3人目）は小学2年生

のおばあさん。黒の上衣にタイトな黒のパンツ。彼女たちの歩き方は独特だった。腰でバランスをとって歩く姿が目にやきついている。足は本当に小さかった。日本人の各家に洗濯をしに廻るのである。白い棒をもっていたように思う。私の家にも来ていた。

雨が降っただけで、先生が人力車を呼んでくれて、それに乗って家まで帰るというところに、植民地における日本人の特権的な地位の高さがよくあらわれている。木村さんは1941年の太平洋戦争開戦時に、小石川区大塚にあった帝国女子専門学校の国文科に入学した。

呑気と云えばのんき、大人の仲間入りをしている年齢にもかかわらず、個人的には国の情勢など露知らず、私は昨年叶えることが出来なかった上級学校進学のことばかり考えていた。家計は復活していたとはいえ、年齢が近い弟や妹たちのこともあったので一度は合格していた年間全額納入の日本女子大学校はあきらめた。そして、当時女子の多くは進学といえば家政科が大半であったが、嘗(かつ)ての師の助言もあり国文科を選んだ。

入学して４ヵ月したところで、学生たちは報国団を結成させられ、学業成就より勤労動員でお国のために尽くせということで、軍需工場に通うことになる。

私はその後のほんのいっ時、田端の軍需工場で働くが、やがて父の計らいで、陸軍の軍人が統括する役所である「陸軍兵器行政本部」（在・市ヶ谷）に勤めることになる。

私の上司となる人は軍属、その人の下に男女合わせて二十人くらいが庶務的な事務処理の仕事に携わっていた。仕事上、そのほかで直接軍人さんとかかわる機会も度々あった。そこで、私は嘗て見たこともないヒエラルキーの厳密に守られている世界を知ることとなる。

将官、佐官、尉官、キラ星のごとく輝く多くの方々が居られた。

日本の国全体が軍部によって支配されていたといっても云いすぎではない時代である。軍の中でも陸軍の権威は強かった。

直立不動の敬礼に象徴されるように、上官に対しては絶対服従。それが厳格に守られている世界である。

こうして、当時の日本を支配していた陸軍の中枢部で働いたが、戦禍も激しくなり家族は疎開、彼女は退職する。その後まもなく8月15日を迎えた。

八月十五日

八月六日、広島に原爆投下。続いて九日、長崎に。

そして遂に終戦のご詔勅がラジオ放送される日を迎える。異常なほどの好天気であった。母や幼い弟妹たちは山梨、大月の疎開地の家に。大きな家に妹と二人きり。

どういうわけか、既に退職していた軍の嘗ての上司が、一緒に「ご詔勅を聞こう」とわが家を訪ねられた。二人きりで天皇のラジオ放送を聞く羽目となる。

変な感じ、私は少々緊張気味で、放送の一語、一語をしっかり聞くことが出来なかった。妹を一人きりにしてしまったことも後悔したのだが、突然のことで、妹は一人で泣いていた。彼が帰られた後、近所から狂わしいほどのお琴の音が響いてきた。何とも、不可思議な日となったのは突然の訪ね人による。

あとで解ることだが、一回り以上も年上のその彼にはある想いが秘められていたようだ。好きでもないのに「上司からの申し込み」に悩みに悩むこととなる。馬鹿な、奥手な青年時代。やっぱり、「勉強が先、それから考えよう」とお断りしたが……良かった。

サンプル④「恋愛、そして家族史の佳作」雨宮悠子さんの自分史より

さてここで、もう一度、第1章で取り上げた雨宮悠子さんの自分史に戻ってみる（彼女の話の登場人物は原則としてすべて仮名）。

先ほども述べたように、自分史のいちばん大事な要素の一つに異性との関係があるはずだから、必ずそれを入れるようにとの指示を出した。異性との間には、皆さんそれぞれ、深い思い出、浅い思い出がとりどりにあるようで、それをサラリと書いたり（サラリの典型が、先の江渕さんの自分史に登場する「緩斜面の女王様」の話だろう）、相当の思い入れをもって書いたり、表現もさまざまだった。

その中にあって雨宮さんの自分史は、そこの部分が人なみ外れて深いものになっていた。それはほとんどドロドロの人生といっていいくらいの情の深さの発露になって

いた。というか彼女が書いた自分史の大半が、「シンちゃん」と呼ばれた彼氏に対する自分の想いの記録だった。それでいて、人に不快感をもたせるような要素がないのも、この人の文章の良さというかこの人の性格なのだろう。

先の母親との確執を書いた部分にも彼女の情の深さがうかがえたが、もう一つ、2歳上の兄について書いた次のような文章にも、それがうかがえる。

高校1年の9月のある夜、7時ごろだったかA市の病院から電話が入った。私がちょうどその電話を受けた。

「こちら、A市立S病院ですが、雨宮さんのお宅ですか？」

「はい。そうです」

「お宅の浩太さんが今危篤なので、すぐ病院へ来てください！」

「えっ！　危篤ってどういう意味ですか！」

浩ちゃんは自殺だった。手などの消毒に使うクレゾールの原液を、大好きだった同じ色のコーラに混ぜ飲んだのだ。

先生は言った。

「もう息子さんの内臓は焼けただれ、脳にも薬物がまわり、たとえ一命を取り留めたにせよ、廃人として生きてゆくことになります」と。

（立花注・X県のE町から県庁所在地のA市まで、一家は車で8時間もかけて病院に急いだ）

浩ちゃんは診察台に寝かされ、クレゾールのせいなのか、顔が真っ赤に腫れ上がり、10分おきくらいに、内臓すべてが焼かれる苦しみに、大人の男5人で押さえつけても、それでももがき苦しみ、暴れ狂う力の凄さ。

クレゾール液のきつい臭いを放つ真っ黒なおしっこが膀胱のカテーテルから流れていた。

口を無理矢理開かれ、その口の中へバケツで水をなん杯もなん杯もかけまくる医師と看護婦――凄い光景……。

全身が硬直し、震えだし、目を覆い、その場から逃げ出したくなるほどの壮絶な苦しみに暴れ狂う浩ちゃんの姿だった。

管に流れる真っ黒だったおしっこの色が、少しだけ薄くなり始め、医師たちも詰所に戻り、ほんの少しだけ静かな時間が流れた。

母や兄たちは、疲れて少し仮眠をとろうと、ベッドの周りで横になった。私はずうっと浩ちゃんの顔のそばにくっついていた。

先生は「もうこの人に意識はありません」と言ったが、顔のすぐそばにいる私に「ユ…ウ…コォ…」。

かすかだが、しぼりだすような声にはならない声で、哀しい眼で私を見つめ私の名を呼んだのだ。本当にそう言ったのだ。

私は浩ちゃんが兄弟の中で一番好きで、すぐ上の佳男兄さんなど嫉妬するほど仲が良かった（略）。

とにかくステキだった！　多分女性にモテモテだったのだろうと思う。

しばらくして、「ミミちゃん」という彼女ができて二人でA市で同棲を始めた。

浩ちゃんは、そのA市のアパートで同棲を始め、浩ちゃんも、「ミミちゃん」も、A市の繁華街で働きながら暮らしていたそうだ。ところが、その「ミミちゃん」に、大阪から来たというお金持ちの新しい恋人ができ、そのまま帰って来なくなったそうだ。

幼いときから祖母に預けられ、両親にも満足に抱きしめてもらえなかった寂しがり屋の浩ちゃん、自分だけが独占できる愛が欲しかっただろう浩ちゃんのもとから「ミミちゃん」が去り、浩ちゃんは寂しすぎて生きる気力をなくしたのだろう……一人、その部屋でクレゾール液を……。

シンちゃんとの出会い

場面は変わり、ここから雨宮さん自身の話になる。雨宮さんは、昭和43（1968）年、地元のE高校を出ると、上京して、東京写真短期大学に入った。

写真が好きだったからでもなく、得意だったわけでもない。

何が出来るかではなく、何をやりたいのか、自分の能力や現実的なことは考えず、「職業百科事典」と「大学案内」のガイド本をみて、「芸術家」になろう！　と武蔵野美術大学（生活デザイン科）と東京写真短期大学を選んだ。

両方受かったが、周囲の人がみな武蔵野美大をすすめるのが気にくわず、「じゃ、写真短期大に入る」と、あまのじゃく精神を貫いて写真短期大学を選んだ。

写真などまるで知らず、第一、生徒の半数以上は家が写真屋さんで、私のように木材業の娘で写真の知識などまったくない生徒はいなかった。

私は写真と「芸術家」とがどう結びつくのか考えることもなく入学した。

初めての実習、三脚の上に縦長のカメラを乗せ、光を遮断する表が黒、裏が赤の厚手の大きな布を頭からかぶり被写体を撮れと言われ、「先生！　変です！　逆さまに見えます！」。

あまりの無知に、先生もほかの生徒たちも〝言葉も出ません〟という感じのあきれ顔だった。

東京・大塚に、同郷のE町出身のおばあさんがやっているアパートがあり、そこに伝手（つて）があって入れてもらった。そのおばあさんにはE町に孫がいた。彼はE高校三年生だったから雨宮さんの1年後輩ということになるが、面識はなかった。その年の冬、彼は代々木ゼミナールの冬期講習に出てきて、おばあちゃんのところに泊まりこんだ。同年輩ということもあり、雨宮さんは彼プラス彼の仲間たちとあっという間に親しくなった。

これがシンちゃんだった。

新宿の「三愛ボウル」の早朝ボウリングに行ったり、池袋で映画を観たり、彼らは予備校に通いながら、私は短大に通いながら、冬期講習の間じゅう、毎日遊び、話をした。

そろそろ冬期講習も終わりに近づいたある夜、彼はひとりで私の部屋を訪ねて来た。しばらくは、どうでもいいような話をしたあと、かなり恥ずかしそうに頰を赤らめ、「悠子さん、僕とつき合ってください！」。

「え〜ッ!?　あなたは私より年下で、〝男の人〟と意識したことがないし、弟くらいにしか思っていないけど……」

「……だったら、それでもいいです！　僕を〝弟〟にしてください！」

「わたしには、つき合っている彼もいるし、弟でもよいなら……」と話がまとまり(!?)彼はE町へ帰っていった。

彼から時々手紙が届いた。

東京で私と会って楽しかった事。

いろいろな話がとても印象に残っている事。

自分は一人息子なので、大学を出たらE町に帰り、親の経営する工場の後継ぎをしなければいけないが、本当は農業をやってみたい事。

そういう彼の内なる自分を、毎日毎日、日記のように書き、送ってきた。


翌年、彼はW大学に入り、おばあちゃんの家から大学に通うことになったので、二人は前よりもよく会い、いっそう深い話をするようになった。

そのうち彼がこんなことを言い出した。


「悠子さんも僕も裕福に育ってきた。だから今もこうして東京へ来て自分の好きな大学へ入り、アルバイトもせず、親からたくさんのお金をもらい、今こうしているのだ。

僕の家の従業員と悠子さんの家の従業員が朝から晩まで働いて働いて……そのお金で僕らは今こうしているんだよね。僕の親も、悠子さんの親も、その働いている労働者からのお金を搾取して、裕福に暮らしているんだ。

これは、おかしいことだと思わないかい？　自分で働いて得たお金で生活してみて初めてものが言えるのではないか……。そうは思わない？」

その頃、雨宮さんがどれほど恵まれた生活をしていたか。次のようなくだりがある。

同じE町から大学に来ていた先輩や一人暮らしの友人に会い、生活の様子を見、親からの仕送り額などを聞いた。

3畳とか4畳半の狭い部屋に、台所もトイレも共同で、もちろんお風呂などはなく、近くの銭湯に行く生活が、そのころの「大学生」だったのだ。

先輩は「これは必需品なんだ！」とインスタントラーメンをやかんのような電気ポットの中で作り、そのままどんぶりにも移さず食べていた。

親からは1万5000円の仕送りで、あとは自分でアルバイト。

そういう時代に私はその3倍もの仕送りをしてもらい、それでも足りなくなって送ってもらったりもしていた。

シンちゃんの生活も同じように恵まれたものだった。

彼は家を出て自分で働いてみる、自分の力で生きてみたいと言った。

私も同意し、二人で〝家〟を出た。

昭和44年6月の事だった。

その頃の私にとって、彼「玉置信一」は、〝弟〟から〝彼〟に変わっていた。確かにお互い恋愛感情を抱き合ってはいたが、彼が18歳、私が19歳の若い二人、いわゆる身体の関係などは、まだなかった。

しかし男と女が一緒に家を出ることを世間では「駆け落ち」と言い、肉体関係ありと見る事を、ふざけているのではなく、本気で、「家出」のあとに知らされた。

もちろん、すぐさま大騒ぎになり、彼の親も私の母も東京にぶっ飛んできた。

母は、なぜそうしたかを聞くことなく、家出までする、ふしだらな関係となってしまった娘を、オイオイ泣いて悲しんだ。

身体の関係なんかないのに……。ただ、彼と一緒に、自分で働いて得たお金で生きてみようとしてした行動なのに、自分の親でさえ信じてはくれなかった。

身体の関係のない「駆け落ち」だってあるのに……。

親公認だった「同棲時代」、そして……

最初の駆け落ちは、シンちゃんの友達が、シンちゃんのお父さんと雨宮さんの母から問い詰められて居所を白状したことで失敗に終わった。

しかし、それから間もなく二人は、申し合わせてもう一度駆け落ちをした。今度は京都へ向かった（東京にいるとまた見つかって連れ戻されると考えたからで、京都は単なる思い付きの行き先。京都が好きだったから目指したのではなかった）。

結局、京都には2泊ぐらいして、東京に戻り、二人で住む家を探した。

私の大学のある地下鉄丸ノ内線、中野坂上駅から近い青梅街道の陸橋のそばにある部屋に決めた。

その部屋は床がフローリングで縦長のワンルーム。

真ん中にシーツをぶら下げて2部屋に仕切り、台所側をシンちゃんの〝部屋〟、トイレ側を私の〝部屋〟にし、奇妙な同棲生活を開始した。

玉置も雨宮も、「もうわかった！　二人で住んでいいから、とにかく大学だけは行ってくれ」という条件で私たちを連れ戻す事を諦め、大学だけは行くという約束で「家出」が認められた（!?）。

それはまったく奇妙な同棲生活だった。

親公認の同棲で、しかも間にシーツをぶら下げて、身体の関係なしのままの生活を続けたのである。

昭和45（1970）年、二人はW大学に近い三軒茶屋に引っ越した。

はじめは二人で仕事をしてその稼ぎで生きていくつもりだったが、どんな仕事も身に付かず、二人は結局、親からの仕送りが頼りの同棲生活を続けることになった。

二人がそれぞれにアルバイトを探して働こうとした試みは次のように記録されている。

私とシンちゃんはそれぞれにバイトを探した。

新宿歌舞伎町にあった「マイアミ」という喫茶店に面接に行くと、頭の禿（は）げた小太りの嫌らしい感じのオーナーが私を見て、「君はまずドアガールからやってもらおう」と言った。

お客が来るたびに重いドアを開け、お辞儀をし「いらっしゃいませ！」

1時間ほどやったが、なんだかアホらしくなって辞めて帰ってきた。

次は新宿の富久町にある小料理屋の面接。小脇に抱えていた、羽仁五郎の『都市の論理』という本をチラリと見て「その本、面白い？」「はい！　とても！」「そう、じゃあ、せっかくだけど、他を探して」と即、断られた。

そんな過激な本でもないのに、学生運動でもしている風にみえたのだろうか。

小さなおもちゃ店の店員もやったし、印刷工場の単純労働もした。喫茶店のウェイトレスもしたが、どこも長続きしなかった。

結局、自分たちの働いて得たお金で生活はできず、やっぱり今までどおり親からの仕送りの生活（学費はもちろんのこと、情けないが生活費もだ）。

半分に仕切られていた部屋もいつのまにか一部屋になり、文字通りの〝同棲生活〟に変わっていった。

そして間もなく、若い二人が一緒に同棲すれば起こるべきことが起こる。

そんな中、「じんましん」は出ないのだが、とにかく気持ちが悪くて起きていられず、寝こむ日々が続いていた。食べ物も食べられなくなり、どんどんやせていった。

ある日、シンちゃんの友人が遊びに来た。

顔色も悪くやせ細った私をみて「悠子さん、もしかして赤ちゃんができたのでは?」と言った。

私はてっきりいつもの食中毒だとばかり思っていたけど、そう言われると……。

私の体は年齢に比べて未発達なのか、生理も人より3、4年遅い17歳くらいにあり、それも毎月きちんとはなく、半年に1回とかとても不順だったので生理がない=妊娠とは思わなかったのだ。

翌日、シンちゃんと私は近くの産婦人科へ行ったが、19歳と20歳の私たちは、恥ずかしく、何度も二人で病院の玄関を入ったり出たりして、3度目にようやく勇気を振り絞って診察を受けた。

シンちゃんは妊婦さんがいっぱいの中、恥ずかしそうにうつむいて待っていてくれた。

5ヵ月を越えていて「すぐ区役所に行って母子手帳の手続きを取って来てくださ い！」と先生にものすごく叱られた。

どうしよう！　赤ちゃんができた……どうしよう……どうしよう……親たちに言わなければ……。

21歳の母

玉置家では、とにかく赤ちゃんを産む事に大反対した。

跡継ぎ息子が大学に行ったと思ったら年上の女と駆け落ち、同棲……そして今度は赤ちゃんだ。親なら当然の事だ。

毎日毎晩、玉置のお父さんから「すぐに堕ろしなさい！」

シンちゃんではなく私を名指しし、電話口で何度もそう言った。

毎日私は泣いていた。

はじめ玉置家側は、こう提案した。

どうしても産みたいというのなら、私だけがE町に帰って赤ちゃんを産み、大学を卒業するまで別居しなさいと玉置は言い、言う事を聞かなければ勘当するとも言ってきた。

それを聞き、今度は母が猛反対した。

「悠子、絶対シンちゃんと離れては駄目!! 離れたら悠子は捨てられる」と母が反対した。父の浮気や愛人問題に想像もつかぬ程つらい思いをしてきた母だからこその言葉なのだろう。

「玉置がシンちゃんを勘当すると言うのなら、学費も生活費もすべて雨宮で出すから、勘当してもらいなさい」とも言った。

さすがに玉置も立場があるのか、その母の一言に折れ、大学は必ず卒業する事、卒業したらE町に戻り会社の跡継ぎをする事、その2つの条件を出し何とか認めて

> くれた。
>
> この条件を受け入れたことで、玉置家側と雨宮家側の妥協が成立し、二人は昭和46年1月、シンちゃんの冬休み中に急遽帰省して、バタバタと結婚式をあげることになった。
>
> 神主さんも出前で、友人など一人もいない両家の身内と商売関係ばかりで、めでたい感じなど少しもない、「仕方がないから」の結婚式だった。（略）
>
> 式が終わったその夜、嫁いだ玉置家に親戚全員が集まり、「私は今日から玉置の後を継ぐ長男の嫁です」とお茶を出しながら一人一人にご挨拶。
>
> 親戚の人たちの「この人なの？　大事な跡継ぎ息子を誘惑し、子供までできちゃった人って」と私の頭から足の先までをジロジロ観察する目・目・目。

雨宮さんは短大中退のまま母となり、父親のシンちゃんのほうは、結婚式が終わるとすぐにトンボ帰りして大学生に戻った。そしてそれから3ヵ月後に長男・眞（まこと）クンが生まれた。

お産は東京でした。玉置の母と雨宮の母の両方が上京してくれて、お産を助けてくれた。玉置の母は2週間、雨宮さんの母は2ヵ月間もいてなにかと面倒を見てくれた。

母も帰り、シンちゃんと長男眞君と3人での生活が始まった。

大学2年生のシンちゃんはいつも朝まで本を読んでいて、マコの夜中の授乳、おむつ交換などすべてしてくれた。

毎朝私は、「今日も眞君は夜中に起きず、ぐっすり眠れた！」と言い……でも、よく見るとおむつがバケツにいっぱい、母乳が売るほど出ていた私のおっぱいを右・左と両方マコに飲ませていたのはシンちゃんだったのだ。

あとから考えると、この間のシンちゃんと、赤ん坊の眞クンと、雨宮さんが親子3人で過ごせた東京での3年間が雨宮さんにとって生涯もっとも幸せに過ごせた日々だったのかもしれない。しかし、その幸せが続いたのも、シンちゃんが大学を卒業するまでで、それが終わると、親との約束どおり、二人はE町に帰らねばならなかった。

眞が3歳を迎える年、シンちゃんは無事W大学を卒業。約束通り私たちは跡継ぎのため、E町の家に帰った。

シンちゃん22歳、私23歳。

E町の玉置家の嫁としての生活が始まり、それまでの東京でのそれとはまったく違う一日中緊張の毎日だった。

朝は6時起床、まず駐車場にもなる広い玄関前を竹箒で掃く。

そのあとお母さんの朝ご飯作りの手伝い、家の中の掃除、洗濯、お客さんへのお茶出し、そして午後3時になると夕食の材料の買い物、夕食作り、あと片付け、お風呂の準備。

毎日が同じ繰り返し……ふと思うときがあった。

私の人生はこれがずうっと続くのだろうか？　こんな少しも楽しくない毎日の繰り返しの果てに何があるのだろうと……。

理由なき失踪

しかし、それから間もなく、とんでもない事態が出来した。

シンちゃんがいなくなったのだ。


E町に帰り1年が過ぎた9月の事だった。

友達の結婚式に出席したまま、シンちゃんが家に帰ってこない。

乗って行った車だけが車庫の前に戻っている。

お父さんお母さん、雨宮のみんなでシンちゃんを探した。

私は「シンちゃん、何か事故にあって死んじゃったのかもしれない！　お父さん！　お願いします！　警察に捜索願いを出してください！」

午前2時ごろだったろうか、かすかに茶の間のドアを閉める音とお父さんのひそめた声がした。

「う……うん……。今日はもう遅いので明日話す」とお父さんは問い詰める私を遮(さえぎ)

るように寝室のドアを閉めた。（略）

朝をひたすら待った。やっと夜が明けお父さんに訳を聞いた。

「実は……信一はある女の部屋にいた。捜索願いを受けた警察官が見つけたのだ。信一に昨夜会って話をしたのだが、どうしても帰らないと言うのだ」

その女の人とは、いろいろなところへ二人で出かけ、町中の人が知っている事であり、知らないのは玉置家と雨宮家と私だけだった。

警察官さえ知っていて、捜索願いが出て真っ先に探しに行ったところが彼女のアパートだったそうだ。

シンちゃんに会わせてくれと毎日頼むが、どうしても会わせてくれない。1週間すぎた頃、雨宮さんは思いあまって、彼女のアパートにいるシンちゃんを訪ねた。

ドアを開け部屋に入ると、二人で食べかけのお鍋のあとがそのまま小さなテーブルの上に……会わなくても、何も聞かなくてもそれだけで充分すぎるほど、今の「二人」が見えるようだった。

カーテンで仕切った彼女の寝室から、彼女とシンちゃんが出て来た。

そのとき雨宮さんはこう考えていたという。

私は初めて会うその女の人が、自分と同じようなタイプならもう一度頑張ってみよう。違うタイプならあきらめよう……事を知ったあと、一人で考えたことだった。

彼女は夜の飲み屋で働いており、黒髪を腰近くまで伸ばした妖艶な感じのする女性だった。

シンちゃんにぴったり寄り添い、シンちゃんがタバコを手にするとすぐにライターで火をつけ、肩についた髪の毛を「あら！　髪の毛」と言ってやさしく取ってあげ……どれもが、気がついても私には出来ないことだった。

ピーンと張り詰めた沈黙が流れた。

突然、彼女が大声で泣き出した、というより喚（わめ）き出した。

「シンちゃん！　ハッキリして!!　この人を取るの？　私を取るの？　ワァーッ！」

彼女は彼女の部屋の入口から一階に降りる手すりのところまでを転げまわりながら、そう叫んだのだ。

びっくりした。あまりの唐突さに、あまりの激しさに私は驚いた。

そして「シンちゃん、なんだか映画見ているみたいだね」と思わず口にした。

背が高く怖い目をした彼女の同僚という女の人が、帰ろうとその階段を下りる私の背中に「あんな女！　捨てられて当然だよ！」。そう言った。

後ろを振り向けないほど私は彼女の言葉に傷ついた。

涙があふれるのを出口までがまんするのがやっとだった。

「彼女ではなく彼女の同僚になぜこんな言葉を浴びせられなくてはいけないのだろう」

ポロポロ涙が流れた。悔し涙なのか……。

そこにシンちゃんがいて、けれど、どんな時も私を守ってくれたシンちゃんはもういないことを知らされた涙なのか……。

嫁ぎ先にとどまり続けた理由

結局、雨宮さんは一人で家に帰った。


私は一人、真剣にシンちゃんの心の〝事実〟と向き合った。

シンちゃんはお酒の上ではなく、〝しらふ〟で彼女を好きになった事。

シンちゃんの心が変わってしまった事。


「悠子は一人でも生きていけるが彼女は俺がいないと生きてゆけない。だから彼女を選ぶ」。そうシンちゃんは言った。

何故？　何故私は一人で生きていけて、彼女は一人じゃ生きてゆけないの？

……わからない事ばかりだった。わかっている事は、シンちゃんが彼女を好きで、私はシンちゃんが好きと言う事だった。（略）

けれどシンちゃんの心は変わり、これからを彼女と生きたいと言う。

私達には二人の子供がいる。

私は今どうすればよいのか。

私の頰の上を弱々しく力なく朝も昼も夜も、何をしている時も静かに涙が流れた。シクシクでも、さめざめでもなく、ただスーッと意識とは無関係に細い涙が流れていた。

東京から帰り1年半……ひたすら「良い嫁」になろうと毎日頑張って習慣化した家事を、シンちゃんがいなくなった後も私は繰り返していた。

玉置に私が居る理由のシンちゃんがいなくなり、なぜ私はここに居るのかと問い、お父さん、お母さんに「二階で休んでいなさい」と言われても、まるで夢遊病者のような姿で「嫁」の仕事をするのだった。

玉置の家を出るという選択もあった。実際、雨宮の家では帰って来いといっていた。

「雨宮の恥さらしになるから実家にもどれ！」

シンちゃんがいなくなっても玉置に嫁としている私に、木材業を継ぐ雨宮の兄が言ってきた。

私は帰らなかった。

町中の噂になろうと、私の人生だった。

恥さらしであろうと、私と眞と宏の3人の人生だった。

玉置の家に踏みとどまった最大の理由は次男の宏クンの存在だった。シンちゃんが家を出たとき、宏クンは生まれてまだ3ヵ月だった。

お父さん、お母さんの立場、雨宮の兄の立場、誰より幼い眞と宏を考え、今は出る時ではなく、玉置にお世話になりながらこれからを考えようと決心したのだ。

それは私も、お父さん、お母さんもつらい事だった。

けれど今しばらくそこで佇(たたず)み考える方を選んだ。

とにかく宏が小さすぎる。1歳になれば、保育所に預け、働く事が出来る。

今、玉置を出る事はできない。自分の心に従い決断しようと思った。

シンちゃんがいなくなったショックで、あふれる程に出ていたおっぱいもピタリと止まり、3ヵ月を過ぎたばかりの宏は、出ないおっぱいを顔が真っ赤になるほど吸い、おっぱいが欲しいと泣いた。

ミルクに替えても、おっぱいが欲しいと泣いた。

真っ逆さまに堕ちて堕ちてどこまでも堕ちて、ダメになりたいと思う私を宏はおっぱいを吸い、「母」から逃げさせてはくれなかった。ダメにさせてはくれなかった。

二人で泣いた。


あの時、3歳の眞と3ヵ月の宏がいなかったら今の私はいなかっただろう。ここまで来ることはできなかっただろう。


結局、雨宮さんがシンちゃんと本当に別れるためには、さらに数年を要した。その数年、いろんな紆余曲折があった。

まず、ちょうどその頃、「母が突然脳血栓に倒れ、58歳の生涯を閉じた」。

母が死んでから離婚をしたことが、私のただひとつの親孝行だった。

母が生きていたら、いくらお父さん、お母さんの立場を思っても、玉置にいた自信はない。私はすぐにも母のいる実家へ、母のもとに帰ったことだろう。

幼く何もわからぬ眞と宏を私の〝所有物〟のように連れ、自分が楽になる方へと逃げたことだろう。

自分が「誰」で、「何処」で「何」をしているのかを考えることもなく、肝心な眞と宏の「母」であることも忘れ、幼かった頃の私のままに母にしがみつき「もう玉置に帰るのは嫌だ！」と泣いたことだろう。

しかし、母は死んで、この世から姿を消して、私の前から姿を消して、私を育ててくれた。

神様になった母は、泣いてすがろうとする私に言うのだ。

一人で立ち向かいなさい。

一人で考えてごらん……と。

シンちゃんの心が離れてしまったいま、その心を取り戻すために、悪あがきをしようとは思わなかったが、周囲が勝手な行動に出ることもあった。

なぜそうなったかは知らないが、ある時、お父さんが眞を彼女のアパートにいるシンちゃんのところへ置いて来た。眞を見せれば、シンちゃんも思い直すかもしれないとお父さんは考えたのだろう。

私は嫌だった。そういうやり方が私は嫌だった。

作為的で情的で……が、お父さんも必死だったのだろう。

眞がかわいそうに思った。

3歳なりの〝現状〟を理解している眞にそれ以上の混乱をさせたくなかった（眞はとても頭の良い子で、3歳以上の心があったように思う。そういう子だった）。

1時間が過ぎた頃、マコが帰ると連絡が入り、歩いてすぐのK病院の駐車場でマコを待った。マコは私を見つけ、「ママー！」と両手を差し出し、うれしそうに私の胸に飛び込んで来た。

「……じゃあ……マコ……バイバイ……」

力なくシンちゃんが言った。その瞬間、クルッと私の腕の中で向きを変え、両手をシンちゃんに差し出し、今にも私の腕から落ちそうに3歳のマコは叫んだ。

「パパー!!　行かないでェ!!　パパー!!」

泣きながらマコが叫んだ。３歳のマコの小さな身体全部の声だった。

辛そうなシンちゃんは「ごめんな！　マコ！　ごめんな！」そう言って背中を丸め、逃げるように走って消えた。

シンちゃんが去ったあと、残された母と子はわんわん泣いた。

まだ陽の落ちぬ明るいＫ病院の駐車場で、マコと私はそれぞれの思いでわんわん泣いた。

大好きなパパが離れて行ってしまう悲しみにマコは泣き、３歳のマコにこんな悲しい辛い思いをさせ、どうすることもできない母の自分に私は泣いた。

それからしばらくして、シンちゃんは、夜の仕事を辞めた彼女とＥ町を出ていったことを知った。

心の命ずるままに生きよ

シンちゃんと別れる決心をつけさせたのは、一冊の本だった。その本は坂口安吾の

『堕落論』だった。

それは、眞クンが生まれて間もなくの頃、シンちゃんが、
ある時、少し興奮気味に「悠子！　この本読んでみろよ！　すごくおもしろいんだ！」

と言ってくれた本だった。

その頃、学生のシンちゃんは、
トルストイ、ドストエフスキー、埴谷雄高など朝まで夢中で読んでいた。

私はと言えば、今日はマタニティスクール、明日は新宿で買い物などと、本など開くこともなく、マコを着せ替え人形のように毎日何度も洋服を着替えさせ、「ワー！　かわいい！　見て、シンちゃん！　マコかわいいでしょ！」。

軽ゥ〜いアホな母だった。

シンちゃんがくれたその本を、

あろうことか、自分で読まずに、子供が親にしてもらう寝る前のお話のようにシンちゃんに「読んでェ」。

読み始めるやいなやマコと私は眠りに入り、毎晩同じページから進まなかった。

その一冊の本が本棚の片隅から出てきた。

〈問題は、ただ一つ、みずからの真実とは何か、という基本的なことだけだろう。常識、いわゆる醇風良俗なるものは真理でもなく正義でもないということで、醇風良俗によって悪徳とせられること必ずしも悪徳ではなく、醇風良俗によって罰せられるよりも、自我みずからによって罰せられることを怖るべきだ、ということだけはいい得るだろう。〉

〈より良く生きぬくために現実の習性的道徳からふみ外れる方が遥かに誠実なものである〉（坂口安吾『堕落論』に収録された「恋愛論」より）

自我への誠実な追求、そして「心の命ずるままに生きよ」……凄い本だった。強い衝撃を受けた。

私の思いがここにある！

私の心を言葉なく解ってくれる人がここにいる。


なぜあの時読まなかったのだろう。

あの時読んでいたら……あの時読んでいたら……。

何度も何度もそう思った。

私の知らなかったシンちゃんが、この本を読めと言ったシンちゃんの何かが伝わってくる気がした。


『堕落論』の中で、私は再び「シンちゃん」という人に出会った。

この本を読めと言ったシンちゃんに、私よりも彼女を選んだシンちゃんに今度は本気で恋をした。


手紙を書いた。長い長い手紙を書いた。

「私がシンちゃんの言う事を聞くのは、聞いたのはこれが初めてで最後だと思います……」

今でも忘れられないこんな書き出しの長い別れの手紙を書いた。

二人の子供の父親にではなく、私にとっての心のシンちゃんに自分の赤裸々な思いを書いた。

彼女との事実が〝きっかけ〟ではあった。

しかし今ようやく長い長い一人の孤独な時間に耐え、自らの意志で自らが選んだ離婚に同意ができる。愛しているから離婚ができる。手紙を書きながら嘘もなくそう思った。

始まりの一行しか思い出せない手紙だが、とても満たされた思いで書き終えた事を覚えている。

シンちゃんが離婚を求めてきたのは、私への誠実さではなかったろうか。

毎日嘘をつきながら、自分と私をだましながら生活していくことができなかったから……。

男の人には2通りあるのだと思う。

妻や子供を捨てられる男と捨てられない男と。

シンちゃんは捨てられる男で、私はそういう人を好きになったのだ。

思い出に変わるまで

シンちゃんがＡ市でタクシーの運転手をしている事を聞いた。

離婚する前に、どうしてもシンちゃんと二人で話がしたく、マコと宏の顔を見せたく、二人を連れ、夜行列車でＡ市へ会いに行った。

私たち親子は、時間の許す限りシンちゃんの運転するタクシーに乗り、Ａ市街をぐるぐる廻った。

シンちゃんに迷惑をかけぬように、会社にバレないように、タクシーのメーターを回し、代金も払った。１日乗って３万円ぐらいだった。

うれしかった。楽しかった。何を話したのか忘れてしまったが、周りのすべてから遊離した、シンちゃんと私とマコと宏の「普通」の時間だった。

マコもうれしそうだった。宏はまだ何もわからない赤ちゃんだったがニコニコしていた。二人ともシンちゃんと良く似ていた。そう感じた。

最後に私は「彼女を奥さんにして、私を愛人にして！」と冗談のようにシンちゃんに言った。

「そんなことができるわけがないだろう」。笑いながらシンちゃんが応えた。

私は本気だった……。

「これ今の俺の気持ちだ」

別れ際、シンちゃんは繁華街近くのレコード店の前に車を止め、「22才の別れ」（〝風〟）というレコードを買ってくれた。

それが6年の歳月をともに過ごしたシンちゃんと二人きりで会った最後だった。

会ったのはそれが最後だったが、一度夜遅く、シンちゃんから電話がかかってきた。

それからしばらくしたある夜遅く、シンちゃんから電話がかかってきた。公衆電話からのようで、傍にいる彼女の普通でない叫び声が聞こえる。

「もっとはっきり言え!!　はっきり言ってやれ!!」と彼女が言い、「早く離婚届に判を押して送って来い!!　お前のところへ帰る気もないし、子供が欲しいと言うなら お前にやる!!　お前になんか未練も何もない!!」とシンちゃんが怒鳴った。

初めてだった。初めて聞いた。あんな風にののしり、汚い言葉を口にするシンちゃんは、まるでヤクザのようだった。

そんなシンちゃんと、横で私を罵倒する彼女の声が怖くて、悲しくて、返事ができぬまま電話は切れた。

涙は出なかった。ただ寂しかった。彼女の言いなりに感情的に、言葉汚く私をののしるシンちゃんが哀しかった。あとで聞いたが、私たち親子が夜行に乗って会いに行く姿をE町に住む彼女のお姉さんが見て、知らせたそうだ。

母に捧げる歌

それからしばらくして、シンちゃんのほうから勝手な離婚届が出されていることをE町の戸籍係からの電話で知った。双方弁護士を立てての5回の審判が行われ、協議離婚が成立した。

裁判はＡ市で行われ5回ぐらい裁判所に通い、最後に双方が会って離婚届に署名、捺印をした。もめる事もなく、眞と宏の親権も母親で良いという型通りの協議離婚だった。

４人の調停委員さんがいて、一人の方が聞いた。

「あなたたち、本当にこれでいいの？　別れていいの？」

久しぶりに再会したシンちゃんと私、不思議な程に自然な笑顔で軽く会釈をし、シンちゃんが引いてくれた椅子に座り……調停委員がこれでよいのかと確認したくなるほど、何気ない二人の姿だったのだろうか。

シンちゃんと別れて何年か過ぎたころ、「50歳」になったら、死ぬ前に一度だけシンちゃんと二人きりで会ってみたいと思っていた。

昔の親友にでも会うみたいに。

50歳を通り過ぎ、もうすぐ60歳になる私だが、今はこのまま会わずに死んでいこうと思っている。

深い意味はない。人生の流れに抗（あらが）うことをしてはいけない気がしただけだ。

会う時がくれば会うだろうし、会う必要がなければ会わずに死んでゆくだけの事。そう思う。

いま雨宮さんはその50歳をはるかに過ぎているが、彼女は、こんな自分史の最後をこう閉じている。

これまでの人生に悔いはない。いろいろな事があったが一生懸命生きてきた。普通なら、これから結婚という年齢の25歳で離婚、二人の息子とともに33年が過ぎた。

その二人の息子たちも今、36歳と33歳になりそれぞれ自ら選んだ道を歩いている。

長男の眞クンはいま塾の講師として生きているし、次男宏クンは映像作家になり、映画やテレビの世界で生きている。宏クンは父親のことを事実上覚えていないが、眞クンはいまでも強い記憶をもっている。そして、大きくなってから父親に会いに出かけたことが一度だけある。

はじめは喫茶店だったそうだ。

シンちゃんは、ただだまって眞を見つめていたと言う。しばらくして（生まれて3ヵ月の時に別れた）弟の宏は元気かと、ママは元気かと聞いたそうだ。

「知っているか？　ママは高校時代バスケットの選手ですごかったんだぞ！」と、ママの話ばかりしていたよと眞は言った。

そのあとシンちゃんの自宅に行き、今の〝奥さん〟と会ったそうだ（あの時の彼女が〝奥さん〟だ）。

〝奥さん〟は眞を見て言ったそうだ。

「お母さんとそっくりになったね」と（私の顔、覚えているんだ。あの時私は確かに彼女のアパートに行き彼女と会ったが、顔を覚えるほど彼女を見る余裕がなく、彼女がどんな顔をしていたのか今も思い出せない。ただ腰まで届く長い髪が印象に残っている）。

あるとき、眞にこんなことを聞いた。

「東京でパパと会った時、なぜパパの家に行く事になったの？」。眞は答えた。

「そういう〝条件〟で奥さんから許可をもらい僕に会いに来てくれたからだと思う。奥さんはパパと僕を二人きりで会わせたくなかったのだと思うよ。だから最初から下の女の子（シンちゃんと奥さんの間の子）を一緒に連れて来ていたし、パパの家にも行った。

僕は思った。もうパパに会うのはやめよう。パパにこんな辛い思いをさせてしまう。もう会ってはいけないんだと、そう思った。パパがかわいそうだと。

パパが一番苦しんでいると思う。宏や僕よりやっぱり一番ママに申し訳ないと思っていると思う。僕はあの時パパに会ってそう感じたし、今もそう思っている」

もう捨てたハズの過去と今とに挟まれる人の心の痛みを眞は感じてきたのだろう。父の過去のモノである自分が今の父を苦しめてはならぬと……。

すばらしいと思う。素直に私は眞をすばらしい子だと思った。

どうであれ、こんな私の傍で大好きだった父を恨むこともなく34年間一人で眞の力で彼の辛い心を乗り越えてきていたのだ。

何だか私はとてもすがすがしい気持ちで眞を見つめた。

眞クンは立教大学に在籍していた頃、一時ストリート・ミュージシャンをしていた。自分で作詞作曲をし、池袋の駅前などでギター片手に歌っていた、そのカセットテープを母の日のプレゼントとして贈ってくれた。その中に「22歳」という曲があった。

おふくろから宅急便が届いた　梨が食いたいと言ったから
約束どおり梨が12個……

で始まり、

手紙が一通入っていた
犬と二人　何とかやっています
もうすぐこっちは冬になります

今年でもう44になる

真っすぐに　孤独に　一人戦っているあなたの姿が

目の奥に浮かびます

と続いていく。

高校時代　どんなわがままでも　きいてくれたあなた
自分の思う道をまっすぐにと　あなたは僕にそう言った

だけど北国の冬は
一人じゃ淋しすぎます
長い　寒い　苦しい

たった一人の冬……冬……冬……

頑張らなきゃ　苦しまなきゃ　強くならなきゃ
真っすぐ見なきゃ
あなたを見て育ってきた私を　見ていてください

あなたに　近づけるように
あなたに　近づけるように

いつのまにか　僕は22……
いつのまにか　僕は22……
いつのまにか　僕は22……

ありがとう！　マコ！……シンちゃんと息子眞からもらった22歳の歌、私の宝物。

自分史のあとがきを雨宮さんはこう締めくくっている。

ギリシア語では時間の概念をクロノスとカイロスに区別する。河の流れのように過ぎ去っていく日常的時間がクロノス、二度と来ない決定的な瞬間がカイロス。
私が生きたと言えるのは結婚、出産、離婚、いわゆる人生の〝大イベント〟を終えてから、つまり25歳から一人で歩き始めた時が私の人生の出発点のように思う。30代は〝大人の十代〟という歌詞がある。59歳の私は〝大人の30代〟の終わり。孔子曰く、「三十にして立つ」……私はやっと立ったのだ。

「自分史」、今ある私という人間を作ってくれた歴史……結婚をし離婚をしシングルマザーを生きてきたというどこにでもある話。けれど大切な大切なこれまでの私の歴史。

私はとにかく生きてきた。私という人間を生きてきた。

昨年3月、30年勤めた小さな町役場を早期退職、学ぶ生活をめざして、一人上京した。

サンプル⑤　「独特の人生観」と「未来自分史」　池田ちか子さんの自分史より

最後に紹介しようと思うのは、池田ちか子さんの自分史「人生の午後三時」である。

まず、なぜこれを最後にもってきたのかについて一言しておく。

実はこの本全体の構成を考えて、あれこれ迷っていたとき、ある時点までは、雨宮さんの「私の自分史」をもって最終章としようかと考えていた。「読ませる力」という観点から点をつけるなら、これがいちばんだと思ったからだ。

しかし、ある時期から考えを改めた。雨宮さんの自分史は、あまりに強烈な読ませる力をもっていただけに、これを最後にもってくると、あたかも彼女の自分史をもって本全体の締めくくりとするかのような印象を与えてしまう。それはちょっとちがうのではないかと思ったのである。

雨宮さんの自分史は、一口に言えば、情念の書である。彼女の生きる力も、読ませる力も、その情念から発している。しかし、情念のパワーは、人が本来もつ、生きる力の一部でしかない。俗に人の心というか精神世界を構成する三大要素として知情意の3つがあげられる。この3つがバランスよく発達をとげてはじめて、その人の精神は健全にはたらくようになる。そのバランスが悪くなるとその人の精神のはたらきもどこか歪んだものになる。三要素は誰の心の中にもあり、誰の心の中でも常日頃はたらいているが、そのバランスは常に変動している。

雨宮さんの場合は、普通の人よりそのバランスがかなり強く情のほうに傾いている。雨宮さんの自分史を、全体のトメ的ポジションに置くと、あたかもこの本がそのような生き方、そのようなものの考え方、感じ方を必要以上に推奨しているかのように受け取られかねないと恐れたのである。

それに対して、池田さんの自分史には、そのような強い性格がむき出しにされた部分がない。それでいて、強い自己主張はないが、強い人間存在を感じさせる。

日本人の普通の生き方として標準的に推奨されているのは、なんらかの自分の人生の目標を設定して、その目標を実現するために一生懸命がんばるというものだろうが、池田さんにはそれ的なガンバリズムが基本的にない。ガンバリズムはないのに不思議な強さをもっている。この不思議な強さのほうがエンディングにふさわしいと思えたのである。

池田さんの自分史の「あとがき」には、次のようにある。

「セカンドステージ大学に応募した動機は何ですか」
「会社を辞める口実にするためです」
「セカンドステージで何を勉強したいですか」
「会社を辞める口実ですから、とくに何か目的があるわけではありません」
これがセカンドステージ大学に入るときの面接のやり取りである。

思えば私の人生も、何かやると決めて、それに向かって生きてきたわけではない。大学受験のとき以外は、全部〝行き当たりばったり〟。近頃、会社を辞めることをようやく周囲に公表し始めると、周囲は私に尋ねてくる。

「会社を辞めて何をするつもり？」

「これから決めるのよ」

「その思いきりの良さが羨ましい！」

周囲から見れば、私は無謀で過激な人間である。

ここにあるように、池田さんの人生の基本的なあり方は「全部〝行き当たりばったり〟」だったのである。ただその結果として、なにがどうなろうと、それはそれで受け入れてしまうというある種の思い切りのよさを含む「無謀で過激な」側面ももっていたが、それゆえに知情意のバランスが妙にいいのである。

いちばん見事な人間関係クラスターマップ

彼女の自分史を紹介する前に、もう一言だけ述べておく。

実はこの人の自分史は、最終的に提出はされたものの、「外部発表不可」の条件がついていた（実はこの講義の内容を受講生の作品とともに書籍化するプランがある段階からあったので、各人の作品について、「外部発表可」「条件付き可」「不可」をあらかじめ各生徒に尋ねていた）。

それをあえて、こちらからお願いする形で、一部加工した上で以下に示すような形で発表に踏み切ってもらった。

お願いした理由はいくつかある。一つは、この人の描いた「人間関係クラスターマップ」が、クラスターマップ全作品の中でその概念をいちばん見事に表現したものであったからだ。

先に述べたように、自分史を書くための準備作業として、とくに重要なのは「自分史年表」を書くことだが、それとならんでもう一つ重要なのが、時代別の「人間関係クラスターマップ」を描くことである。自分史年表については、すでにいくつかの実例を出して、いろいろな角度から論じたので、ここで再論することはしない。

もう一つの準備作業、「人間関係クラスターマップ」のほうは、これまでのところ、概念的な説明をちょっと加えただけで、実例は一つも示していなかった。なぜなら、「人間関係クラスターマップ」とは、「そのときどきでその人を取り囲んでいる人間関係の一覧表」みたいなものである。別の言い方をすれば、それはその人の「全プライバシー総覧」みたいなものだから、こういう本に「これがAさんの人間関係クラスターマップでございます」という形で載せるわけにはいかなかったということである。

しかし、実際の授業においては、全員にそれなりに作ったクラスターマップを提出してもらった。そして自分史年表と同じように、主なものを書画カメラで映して、コメントを付け加えるということをした。しかし、この本の中では誰か特定の人のクラスターマップを取り出して実例として挿入するということはしなかった。誰のものを取り出してもプライバシー問題が起きるのは必定だったからだ。

やり方としては、誰かの上手に作られたクラスターマップから固有名詞部分を全部のぞいて、構造的な縮約図のような形にしてしまうという手があると思った。そういう考え方から全員のクラスターマップをながめ直してみると、いちばん巧みに描かれたものが池田さんのクラスターマップだった。

彼女は自分の作品を包括的に「引用不可」にしていたから、はじめはそれもあきらめていた。しかし、この本の編集の最終段階になって、私は考えを変えた。彼女に直接交渉して、重要な部分は可能なかぎり引用させてもらおうと思ったのである。それぐらい彼女のクラスターマップはわかりやすかった。

彼女のクラスターマップは、354〜357ページに構造的スケルトン（針金模型図）の形で示してある。このようにすることで、具体的詳細な内容の提示は避けつつ、そのもつ意味は一見してわかるようにできたと思っている。

池田さんは、このような「一見してわかる解説図面」を描くことに、たいへん優れた才能をもっている。とりわけそのうちの①「家族関係」の家系図は実に見事な図面で、言葉で聞いたのでは、内容があまりにコンガラガっていて、まるでわからない複雑なことが、一目見てわかる図面に仕立てあげられている。

その図面については、解説なしではわかりにくいと思うので、また先で語ることにして、ここではいま話に出た「人間関係クラスターマップ」一般について、もう少し語っておくことにする。

具体的に池田さんが作った「人間関係クラスターマップ」をながめてみよう。

全体は、①②③④と銘打たれた4葉のマップからできているが、これは、概念をつかむための参考に示したものであって、これを真似する必要はない。自分史年表と同じように、コンセプトさえつかんだら、自分にピッタリのものを独自に工夫して作ればよいのである。ここで参考にしてほしいのは、いろいろな人間関係を分類するため

〈池田ちか子さんの人間関係クラスターマップ①〉

① 家族関係

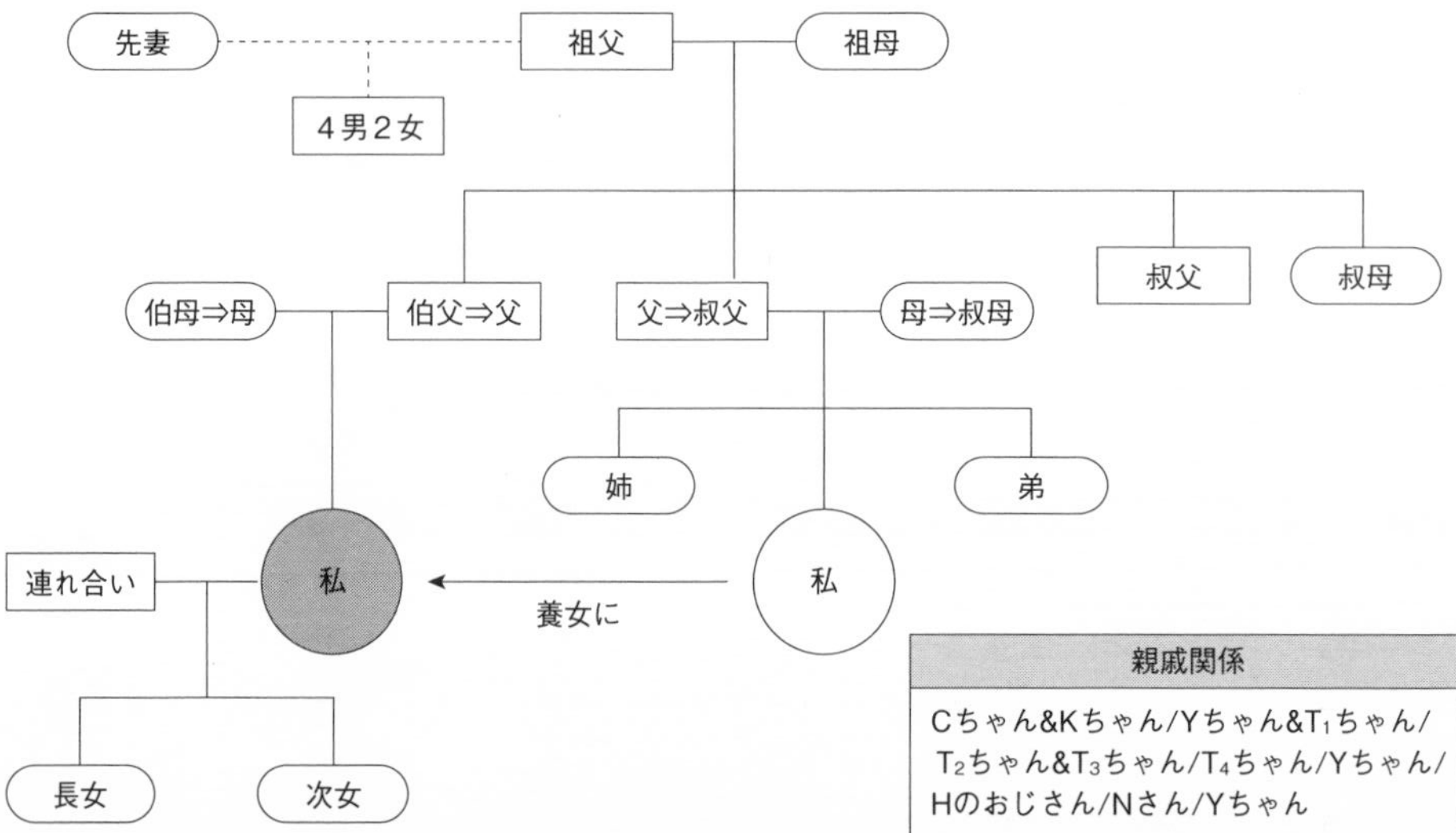

② 近隣関係

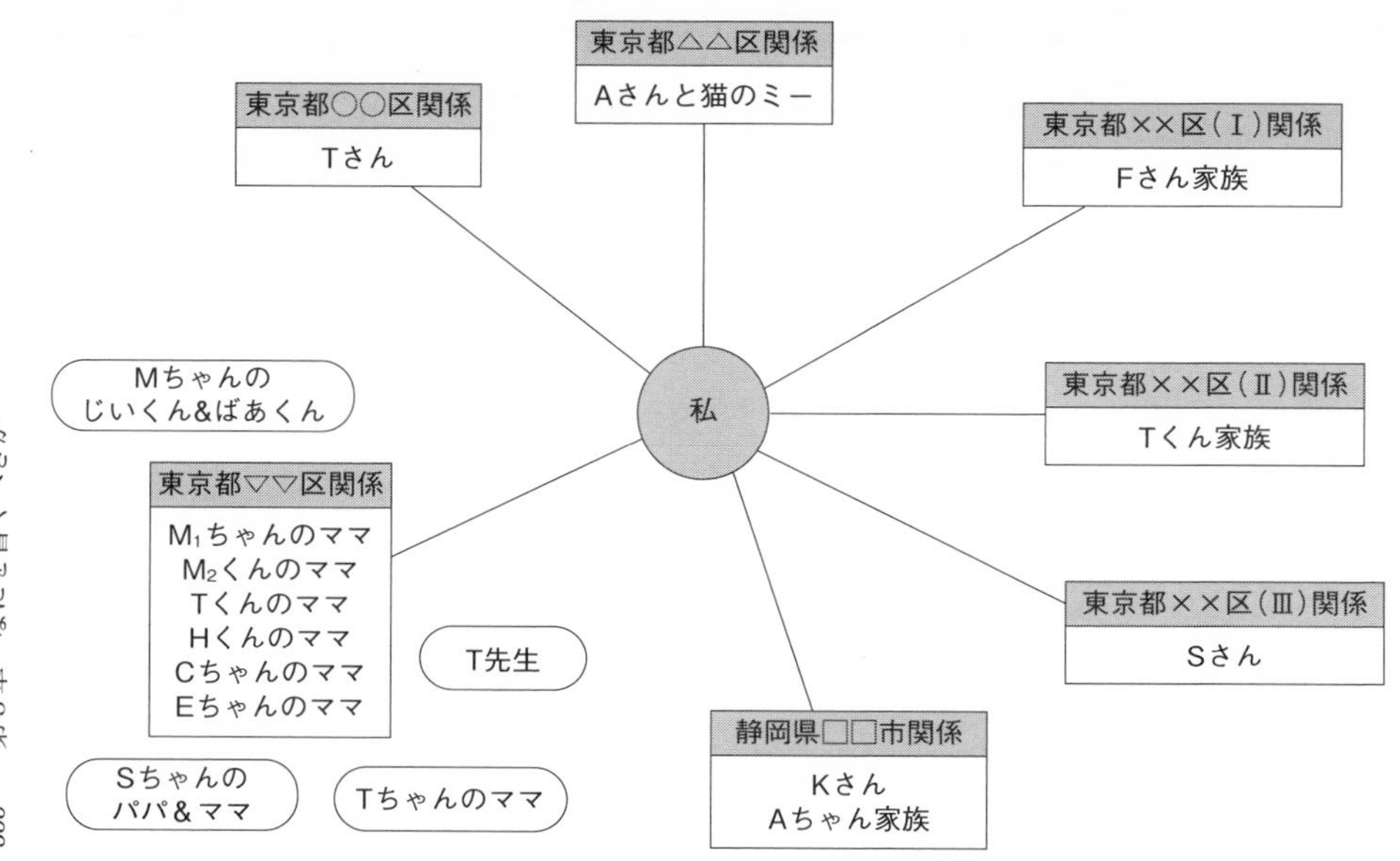
東京都○○区関係
Tさん
東京都△△区関係
Aさんと猫のミー
東京都××区(Ⅰ)関係
Fさん家族
Mちゃんの
じいくん&ばあくん
私
東京都××区(Ⅱ)関係
Tくん家族
東京都▽▽区関係
M_1ちゃんのママ
M_2くんのママ
Tくんのママ
Hくんのママ
Cちゃんのママ
Eちゃんのママ
T先生
東京都××区(Ⅲ)関係
Sさん
静岡県□□市関係
Kさん
Aちゃん家族
Sちゃんの
パパ&ママ
Tちゃんのママ

〈池田ちか子さんの人間関係クラスターマップ②〉

③ 友人関係

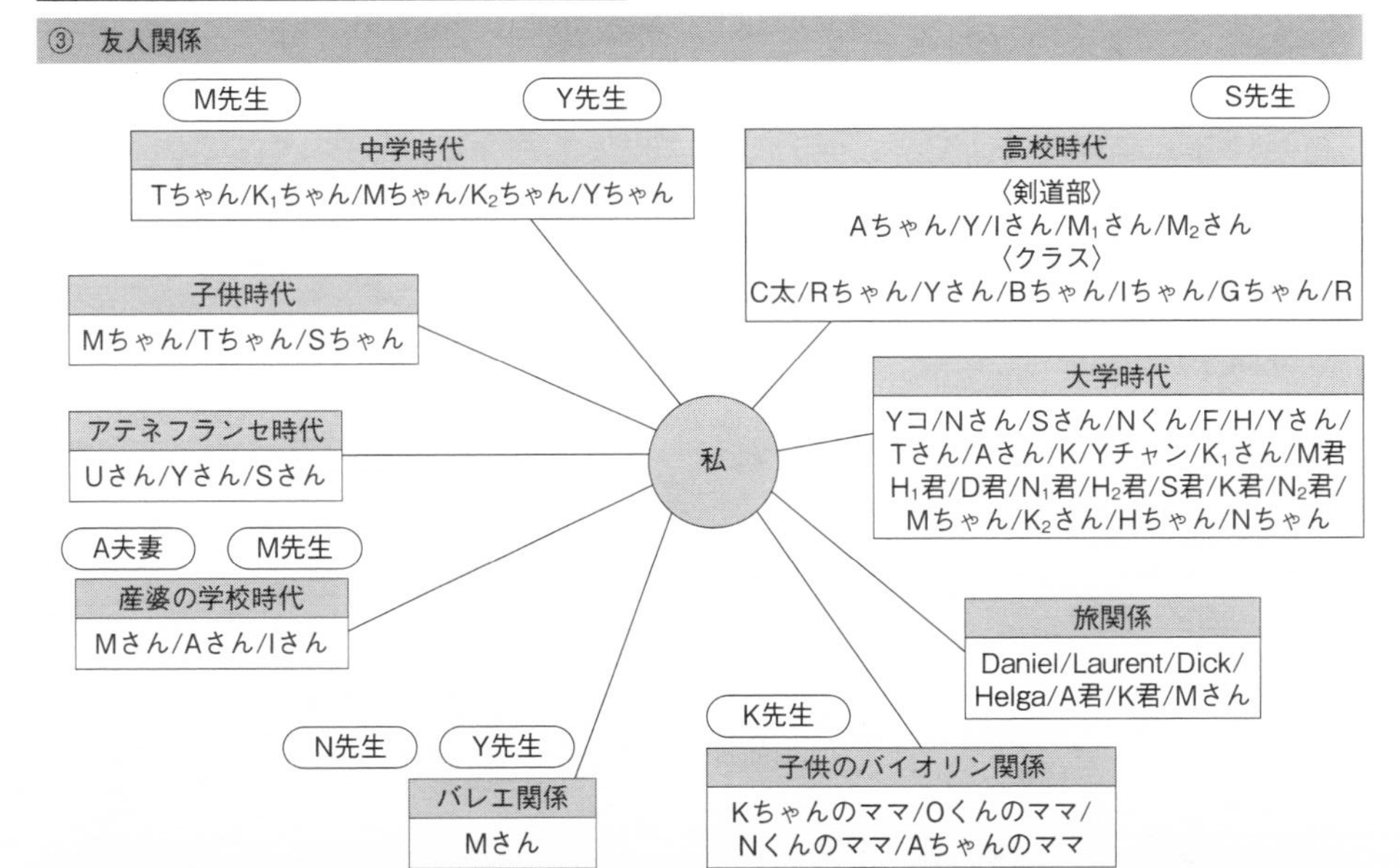

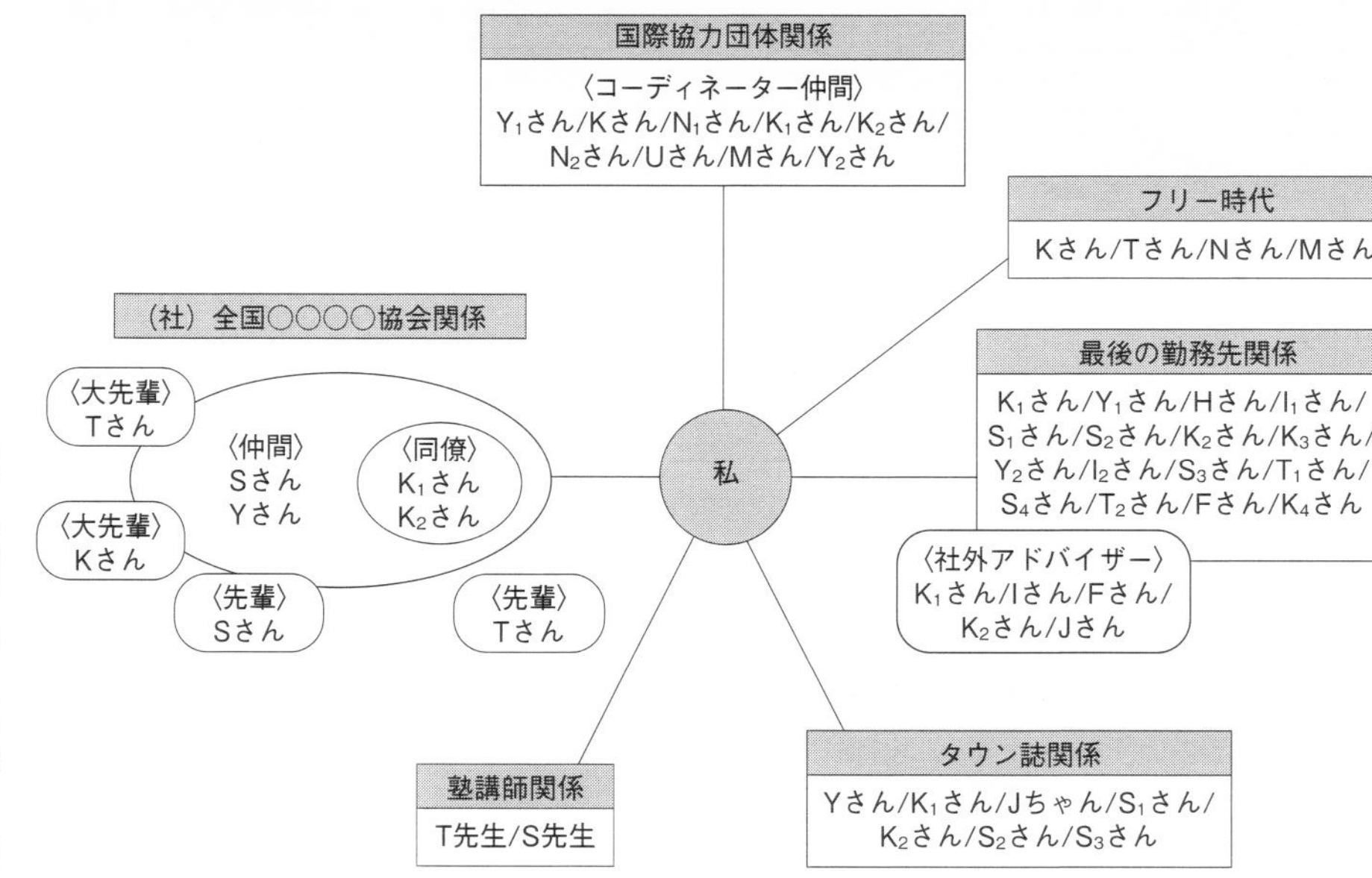
④　仕事関係
国際協力団体関係
〈コーディネーター仲間〉
Y_1さん/Kさん/N_1さん/K_1さん/K_2さん/
N_2さん/Uさん/Mさん/Y_2さん
フリー時代
Kさん/Tさん/Nさん/Mさん
（社）全国○○○○協会関係
〈大先輩〉
Tさん
〈仲間〉
Sさん
Yさん
〈同僚〉
K_1さん
K_2さん
〈大先輩〉
Kさん
〈先輩〉
Sさん
〈先輩〉
Tさん
私
最後の勤務先関係
K_1さん/Y_1さん/Hさん/I_1さん/
S_1さん/S_2さん/K_2さん/K_3さん/
Y_2さん/I_2さん/S_3さん/T_1さん/
S_4さん/T_2さん/Fさん/K_4さん
〈社外アドバイザー〉
K_1さん/Iさん/Fさん/
K_2さん/Jさん
塾講師関係
T先生/S先生
タウン誌関係
Yさん/K_1さん/Jちゃん/S_1さん/
K_2さん/S_2さん/S_3さん

の枠組みの作り方である。第2章で紹介した柳沼正秀さんの人間関係クラスターマップも参考資料として408〜402ページに添付したが、池田さんのものとはまったく雰囲気がちがっている。要は、自分が適当と考える分類の仕方をいくつも考えてみて、その時点で自分がかかえていた人間関係の総覧図をいく種類か作ってみろということである。そういうものを自分史の節目節目で、大きく生活環境が変わるたびに作ってならべてみると、自分史というのは、結局、「人間関係の歴史」なのだということが見えてくるだろう。

「自分史年表」と、「人間関係クラスターマップ」ができたら、自分史を書くための基本的な準備は整ったと考えてよい。

もう一つ必要な準備として、前にもちょっと書いたことだが、人間の記憶は結局エピソード単位でまとまりがつけられているから、なにかエピソードを思い出すたびにそれを書き込む「エピソード帳」を作れといった。これも忘れてはならない。

結局、「自分史年表」「人間関係クラスターマップ」「エピソード帳」、この3つが自分史を書くための三大準備といってよいだろう。

3歳で訪れた変化——生い立ち

ここから、池田さんの自分史の本文に入っていく。まずは池田さんが、立教セカンドステージ大学のわたしのクラスに入ってきて、自分史を書かせられたところから話をはじめる。

自分史の「まえがき」で、池田さんはそのときのことをこう書いている。

授業は先生の教えてくれることをノートに書き取る――そんなイメージは無残にも打ち砕かれ、週に一度の締め切り前日には、自分史を書いては朝を迎えるという有り様。それとて、二週間に一度は提出を諦めた。

何のために書くのか？　所詮、誰が読むのかもわからない自分史。自分の過去なんか振返ってどうする？　私は人生の節目、節目で自分なりの決断をし、生きてきたはずだ。今さら、自分にも興味のない過去のことを、他人に読んでもらえるように書けるわけがない……。

この中にあった「人生の節目、節目で自分なりの決断をし、生きてきたはず」というくだりが、彼女の人生観をよくあらわしている。このあとの彼女の自分史の中でも、「人生の節目」と「自分なりの決断」がくっきりと示されている。

しかし、自分史を書くというのは魔物だ。

嫌々書き始めた三ヵ月前。三十分で書き上げ見直しもせず提出した最初の作文は、先生に「全然わからない」と言われ、しぶしぶ書き直した。それは、私がこれまで、できればこのまま避けて通りたいと思っていた自分の生い立ちに、正面切って向き合うことだった。しかし、書いているうちに、まるで他人のことのように淡々と綴ることができた。

このくだり、実は非常に多くのことを意味している。

この「最初の作文」も、「しぶしぶ書き直した作文」も、わたしはよく記憶しているが、「最初の作文」は本当に「全然わからない」ものだった。自分史のスタート部分では、父がどういう人で母はどういう人と、基礎的家族関係を説明するだけでいいはずだったが、そこに書かれている内容が、どうにも意味がつかめなかったのである。「書き直した作文」である程度わかるようになったものの、もうひとつスッキリしないものだった。しかし、最後に提出された完成された自分史では、このわからない部分がこの上もなく明瞭になった。

もともと池田家は子だくさんだったのに、戦争で男系の血筋はほとんど死に絶えてしまった。生き残った男系の血筋は、五男と六男だけだった。池田さんは六男の次女として東京に生まれたが、3歳のときに、後継ぎとなった五男の家（静岡）で育てられることになった。そのとき、3歳の池田さんにはなにがどうなってそういうことになったのか、説明らしい説明がほとんどされないまま（養子のことなど、小さい子供に説明してもわかるはずがないということだったのだろう）、東京の家から静岡の家に居所が移動した。

ともあれ、ある日から伯父と伯母の呼び方が変わったのである。

「おばちゃん」と私がいつものように静岡の伯母を呼ぶと、「おかあちゃんて呼べばいいのよ」と言われ、なぜだろうと思ったことがある。同じ年頃の子供たちと外で遊んでいると、近所のお婆さん同士が「あの子はどこの子だえ?」「東京からもらわれてきた子だよ」と言い合う声も聞こえた。三歳だった私は、この話題には触れてはいけないことのように思い、それからずっと何年も「知らぬふり」をして通した。

この呼称の変化は、最後に提出された自分史（完成版）に付されたクラスターマップの家系図①「家族関係」を見ると一目でわかる。

二つの家族の中の「私」が養女になって、「東京の家」から「静岡の家」へ移動すると、伯父、伯母だった人が父、母になり、父、母だった人が、叔父、叔母という関係に変わったのである。二つの家系図の中の「私」を矢印で結び、それと同時に「父・母」の呼称が「叔父・叔母」に、「伯父・伯母」が「父・母」に変わるという変化が一目でわかる。

たった一枚の図面でこれだけのことが一目でわかるように描き分けたのは、実に見事だと思った。

最初に提出された「自分史」には、このような家系図が一切なかった。そして子供の意識に映じていた世界（子供の記憶上のできごとの世界）と、客観的に起きていたことの見取り図的な説明が明確に区別されて書かれていなかったため、全体に何が何だかさっぱりわからない文章になっていたのである。

次に書き直された自分史は、かなり事情がわかるようになっていたものの、まだ言葉だけで説明しようとしており、もう一つ、スッキリしないものだった。しかし、3回目に書き直されて提出されたものは、家系図が付いて、東京の家から静岡の家へ本人が移動（「養女に」と書かれた黒い矢印が移動を示す）するとともに、「父・母」の呼称が「叔父・叔母」に変化することなどが一目でわかるようになっていた。これを見て、この人はなみなみならぬ数学の才があるにちがいないと思った。

数学の代数と幾何を合わせたグラフ的表現において、グラフそのものはまったく変えないでも、座標軸を書き換えてしまうと、同じグラフがまったくちがう意味内容に趣を変えてしまう。それと同じだと思った。そして、内容がちがう二つのグラフの中に、不動の一点（不動点）があることを認識すると（この場合は、「私」という一点が不動点そのものになる）、それは二つの位相が異なる世界が一点を共有したまま無矛盾で存在し続けることができるという不思議な世界の数学的表現になる「不動点定理」と同じだと思った。

トウキョウの香り——子供時代

池田さんには、この間の事情は知らされなかったが、本人は、とっくに気がついていた。

私が小学校の頃だったと思う。夏休みに静岡に遊びに来ていた姉が、寝床で意を決したかのように「あなたは東京の子なのよ」と声を潜めて教えてくれたことがあったが、私は知っていた。ただ、ずっと自分の胸に閉じ込めておいただけだ。

私は、東京の家の住所を番地まで暗記していた。きっと私が上野のデパートで迷子になったことがあったからだろう。それだけでなく、あるとき、私の箪笥の引き出しの奥から、東京の住所が書かれた私の迷子札が見つかった。「やっぱり」と自分なりに納得したが、私はそれを引き出しのさらに奥へと入れてしまった。

しかし、池田さんはこの大切な事実について親に問うこともせず、これはどうやら秘密にしておかねばならぬことらしいと思って、「知らぬふり」を押し通したまま大人になったのである。だから、自分史の「まえがき」にあったように、立教セカンドステージ大学に入って、自分史を書くところまでいったとき（そのとき55歳になっていた）、「できればこのまま避けて通りたいと思っていた自分の生い立ちに、正面切って向き合う」ことになったのである。

しかし、「先生に『全然わからない』と言われ」て、そのことをちゃんと実際に書いてみたら、「まるで他人のことのように淡々と綴ることができた」というのである。書くことで自分の生い立ちについても客観視できるようになったらしい。そしてその自分史の中で、育ての親である「静岡の父」のことを「気骨があり、筋を通す人間で、私はこの父の影響を受けたことを何より誇りに思っている」と書いているくらいだから、ここにも先に述べたような癒やし効果が効いていると思ってよいだろう。

いずれにしろ、その当時、静岡で暮らすことになったとはいうものの、両家を含む「大きなファミリー」の中では、昔もその後も、父親同士が兄弟という親戚同士であるから、前の姉とも、親しい付き合いが続いていた。

夏休みになると、姉は毎年静岡にやって来て、私たちは一ヵ月の間、また一緒に過ごした。匂いガラス、紙せっけん……。姉が東京から携えてくる土産は、どれも珍しく、私がかつて住んでいた都会、トウキョウのかすかな香りを運んでくれた。

だが、夏休みが終わりに近づくと、私の胸はいつもはらはらと不安でいっぱいになった。東京から父か母が姉を迎えにやって来て、私がちょっと出かけた隙に、姉ともども忽然と姿を消してしまうからである。私には「帰る」の一言も告げずに、気がつくと突然東京に帰ってしまっているのである。

おそらく私が泣いて「姉たちと一緒に帰る」と泣き叫ぶのを怖れたのだろう。それをおしとどめる正当な理由を、しかも小さな子供に説明することは到底無理な話だったのである。その難しい状況は、子供ながらにぼんやりと理解はしていたが、だからこそ、やり場のない切なさに、私はただただ大声をあげて泣いた。大人たちの気持ちも、そのまま去らなくてはならなかった姉の気持ちもわかるからこそ、私は言葉にすることもなく泣き続けた。

そんなとき、静岡の母は私を背負い、裏の土手をぶらりぶらりと当てもなくいつまでも歩き続けた。やがて私が泣き疲れると、ようやく家に向かって引き返し、家に入って何かおいしいものを食べさせてくれるというのがお決まりのパターンだった。

さらにその後のことを池田さんは次のように書く。

静岡の母はいま、認知症状が出て御前崎市内のグループホームにいる。その母に毎月会いに行くが、別れ際に母はいつも子供のように顔を歪めて涙を流す。それを振り切って帰京するとき、私がかつて母の背中で泣き叫び、母を苦しめたことを思い出すのである。

この一連の話の中に、すごく大きな物語が一挙に語られているような気がする。

［4］自分自身のために書く

ここでもう一度、池田さんの自分史の授業の思い出に戻ってみる。

授業最後の日はじきにやってきた。授業は九月まであると思い込んでいた私には大誤算だったが、ともかく最終日までになんとか自分史の全体像だけは駄文を連ねてでも書き終えることに専念した。つまらない人生、つまらない自分史。最後までそう思っていた。

そして八月。自分史を整理し直そうと、しばらく放りっぱなしにしていた自分史年表を久しぶりに取り出した。そこには自分によく似た、しかし自分とは違う〝おかしな人間〟の自分史が書き込まれていた。

笑ってしまう。五十五年という時間の流れのなかで一人の人間のあがき、エネルギー、健気さ、はかなさ。

いとおしくなった。誰が読まなくてもいい、読む必要もない。一人の人間の自分史は、それを生きた人間が自分自身のために書く。

自分史は魔物だ。書く時々で、自分の思いが変化する。だから、書いても書いても、また書き直さなくてはならなくなる。そのうえ、いくら書いても、一人の人間の人生なんて、せいぜい百枚程度の原稿用紙に納まるものでしかなく、同時にそれでも言い足りない不満が残る。

あたかも自分の人生そのままに、稚拙で内容に乏しい自分史が出来上がった。

そう、これが私である――。

「書く時々で自分史に対する自分の思いが変化する」ということは他の何人かの人たちもすでに書いている。本当に「自分史は魔物」なのだ。自分史はいくら書いても書き足りないような気がして、満足がいくということがなかなかない。

わたしは池田さんの「一人の人間の自分史は、それを生きた人間（つまり本人）が自分自身のために書く」というくだりが好きだ。自分史の真の読み手は、子供でも孫でもなく、結局は自分自身なのだろうと思う。自分自身が自分自身のために書くのが「自分史」なのだ。

ヘルメットとボーヴォワール——大学時代

ここで時計の針を一気にすすめて、池田さんの大学生時代を追っていく。先ほど紹介した江渕繁男さんの自分史と同様、この時代の雰囲気をよく写していて興味深い部分がある。

１９７１年、静岡大学に入った池田さんは、入学してすぐに「K寮」という男女合同寮に入った。男子寮と女子寮それぞれ5階建ての建物が、中央の食堂でつながっているという構造だった。入るまで知らなかったが、この寮は「学生運動の巣のようなところ」だった。４人部屋だったが、どの部屋にも3人ぐらいしかおらず、一人の先輩が二人分のスペースを使っていた。

夜遅くなって、ようやく同室の先輩が帰ってきた。他学部の先輩を連れていた。その先輩というのが煙草をプカプカ吹かし、ガラガラ声で豪快に笑う男勝りの人だったが、二人とも感じのいい先輩だったので、Yチャン（同室になった同級生）と私は安心してベッドに入った。

次の日が入学式だった。

入学式は、駿府公園の中にある駿府会館で行われ、私の母も家から出かけて来て、後ろの保護者席に座った。式が始まってすぐ、学長の挨拶が始まった直後、ドドドドーッという足音が背後から聞こえたかと思うと、ヘルメットにマスクで顔を隠した学生たちが赤旗を翻（ひるがえ）してなだれ込んで来た。学生たちは壇上の学長を取り囲み、会場は騒然となった。新入生は何が何やらわからず、茫然と成り行きを見守っていた。ふと見ると、その一団の中に前夜挨拶をしたばかりの同室の先輩、それに煙草を豪快に吸っていたあの先輩もいて、私はあせった。

後方の保護者席から「帰れ！　帰れ！」という怒号が上がり、会場はますます騒然となった。ただし、これは保護者ではなく、全共闘に敵対する民青系の学生が保護者席を陣取っていただけの話である。新入生も保護者も完全に蚊帳の外だった。

まもなく「入学式は中止」とのアナウンスがあり、私たちは解散させられた。

池田さんたちが大学に入った1971年という年は、いわゆる七〇年安保の学園紛争が全国の大学で荒れ狂った翌年である。この手のことがまだ地方では頻発していた。

K寮は学生運動の巣だったから、池田さんたちも入学早々たちまち学生運動にオルグされることになる。

私はその頃、他の階の一年生数人と、男子寮で週一回行われる勉強会に参加していた。『共産党宣言』や『国家と革命』の読み合わせ会で、男子寮の彼らは学生食堂前でヘルメットをかぶりアジ演説をしている一年生だったが、私たちと違うところなどなかった。ただ、本に書いてあることを理解しようとするのは、空想の世界を作り上げる作業と同じであった。

それに比べ、参加していた女子四人だけで始めた『第二の性』の読み合わせ会は、冒頭の排尿のところから大いに盛り上がった。

入学早々に、ヘルメットの男子学生と『共産党宣言』『国家と革命』などの読書会をやっていたのである。そして女子学生の間では『第二の性』の読書会が行われたが、それが男子学生の読書会とはどれほどちがう雰囲気の下ですすめられたかが述べられている。しかし、このあたりは、『第二の性』の該当部分を読んだことがある人とない人とでは、まったく理解するところがちがうはずだ。このくだりは『第二の性』のもっとも有名な部分で、男女の排尿器官のちがいについて論じている。「排尿するために女はかがみ肌を出し、だから隠れなくてはならない。その不便さ、恥ずかしさ、おしっこを遠くに飛ばすこともできる。それに対し、男の子のオチンチンは好きな方向に放水できるし、おしっこを遠くに飛ばすこともできる。男の子はここから全能感を得ることができるのだ」「神様に一つお願いできるとしたら、一生に一度でいいから、〝男〟のようにおしっこをしてみたい」「男の優越感はすべて排尿器官の能動性からきている」「穴からおしっこをする女の子たち」「ある意味では女の子に性器はない。外側しか見えず、つかむことのできないこの隠れた器官」……。

大学に入って早々にこういうものを読んで「大いに盛り上がる」体験をした女子学生は、その後の人生における男女関係においても、そういう経験がない女性とは相当にちがった経路をたどるはずだ。

池田さんと、先に引いた雨宮さんは、あまりにちがうといえばちがう男女関係に入っていった。そのちがいは、主としてパーソナリティのちがいがもたらしたものだといえるだろうが、一部はこのような時代の雰囲気と環境によってもたらされた部分があったのかもしれない。

新聞の求人広告で就職

『第二の性』の影響がどの程度あったのかはわからないが、池田さんは一貫して、既成の社会道徳に縛られることなく、自立した女として生きてきた。法的な結婚はしなかったが、二人の子供を産み、子供たちも自立した人間として育った。

結婚については、池田さんの自分史には以下のような記述しかない。

書き忘れていたが、私はこの間、たまたま知り合った人と同居をした。イギリスの夕暮れの公園で、乳母車を押した女性を見たときから四年が経っていた。実質的な結婚だが、式も入籍もしなかった。私たちはともに三十代だったし、私は彼の籍に入るつもりもないし、彼にも私の籍に入って欲しいという気もなかった。あくまで個人と個人が共同生活を始めたという感じであった。

先のクラスターマップの中でも、彼のことは「連れ合い」と表現されているだけである。まさに「あくまで個人と個人が共同生活を始めたという感じ」そのものなのである。

先の短い記述の中にある、「イギリスの夕暮れの公園で、乳母車を押した女性を見たときから四年が経っていた」というくだりが何を意味しているかについては、またあとで述べることにして、ここでは駆け足で大学時代以後の池田さんの人生を追いかけてみる。

まず大学時代を、簡単に要約すると、こうなる。

大学といえば、黒と朱色の独特の文字が躍る、立て看板が真っ先に思い浮かぶ。食堂前のアジテーション、毎回徹夜となる学生大会や寮生大会。学問をした記憶はないが、学んだことといえば、部落差別、人種差別、障害者差別、女性差別、冤罪、公害・薬害、成田闘争……。多くの友人それぞれにさまざまな生い立ちがあることを知り、多くの思想に触れたことである。二期校の良さは、みな等しく敗北感を味わっていることだろう。そうした人たちと議論をし、ギターを弾き、そして思い立ったときに旅に出ることができる、あり余る時間が与えられた大学生活だった。

ここに並んでいる言葉を見るだけで、当時の静岡大学のキャンパスが相当に強く新左翼系学生運動とそれを取り巻く社会運動の影響を受けていたことが読み取れる。その中にあって、池田さんは、「静岡・水俣病を告発する会」の活動を続けていた。水俣病の判決（1973年）の時にはわざわざ熊本地裁に出かけ、1週間も泊まり込んだという。

また一方で、その後の人生に大きな影響を与えたのは、この時期、一人旅の習慣が身に付いたことだった。

こうした合間、私は一人旅をするようになった。友達と行く旅も楽しいが、一人旅が性に合っていた。リュックを背負って、風の吹くまま気の向くまま。目標がないのも当てがなさすぎるので、大方は島や岬を目指していた。そういうところはたいてい交通の便が悪いため、ヒッチハイクもよくした。女性だからできないというのではなく、やりたいことをやるには「知恵」を絞ろうと考えた。

大学を卒業する直前に、朝刊の求人広告で就職先を見つけた。就職先は玉石混淆だった。最初に見つけた銀座の広告会社は3ヵ月で全員が辞めたというから、相当お粗末な会社だったにちがいない。次は悪くなかった。

ふたたび朝日新聞の求人欄を見て応募したのは、「社団法人全国〇〇〇〇協会」(匿名)の編集部だった。理由は単純明快。「全国」の二文字である。あちこちに行けるかもしれないと目論んだ。たった一人の募集に数十人もの応募があったそうだが、幸いなことに採用が決まった(略)。

こうして私は、大学を卒業した年の八月から〇〇〇業界向けの月刊誌に関わることになった。

この業界とは、その後も出たり入ったりしながら、ずっと関わることになったのだから、偶然に良い就職先とめぐり会えたといえるだろう。「この頃の〇〇〇業界には左翼思想を持つ人たちが〝流れ込んで〟おり、おもしろい業界だ」ということで、彼女のような経歴の持ち主にとって、妙な居心地のよさがあったらしい。
また、この業界団体に就職したことで、静岡の父との縁もさらに深くなった。

この年は国際婦人年でもあったため、編集部唯一の女性だった私が、ビルの清掃をしている女性たちの記事を書くことになった。タイトルは編集長が付けた「おばさんたちの粘りが支えた」。それを調べているうちに、父がかつて勤務していた研究所に、この業界団体が所属していることもわかった。炭鉱労働者の労働環境を調査した父、お掃除のおばさんたちの労働環境を取材した娘。父は「オマエも同じような仕事をすることになったんだなあ」と嬉しそうだった。

しかし、三年後、私はここを去る。仕事は満足していたが、十年後もそこに居座っている自分の姿を想像することはできなかった。何か違うことをしてみたいと思った。ともかく、一度は海外に行ってみよう。

一人旅の虫がうずいたのか、横浜から片道切符の船に乗って、ヨーロッパに向けて旅立った。「私はすでに二十五歳になっていた。遅すぎるかもしれないと思ったが、人生のリセットをするのに国内の旅ではもう済まない気がしていた」のだと言う。ときどきこのような大胆な決断をして、自ら人生の節目を作ってしまう（人生をリセットする）ところが、池田さんの自分史の特徴なのである。

ロンドンの夕暮れの公園で

船は二泊三日でナホトカに到着し、ハバロフスクまでは鉄道で。そこで一泊したあと、モスクワまで飛行機で飛んだ。レニングラードでも二泊したが、フィンランドのヘルシンキに着いたときには内心ホッとした。

このあと、フィンランド、ノルウェー、デンマーク、ドイツ、オランダ、ベルギー、スイス、オーストリア、イタリア、フランス、イギリスなどを回ったところで、いったん日本に帰ることにした。スコットランドのスカイ島で、

語学留学していた二人の日本人に出会ったことで、私は再びイギリスに戻ってくる決意をした。日本で再びお金を貯め、なんとかなりかけてきた英語をもう少しブラッシュアップさせたいと思ったからだ。

彼女は大学で英語の教員免許を取得していたのだが、この外国旅行中に、自分の英語がまったく役に立たないことを痛感していたのだ。

それは実は、旅をはじめたとたん（つまり、横浜を出てナホトカに着くまでに）わかったことだった。

旅のスタートとなった船旅はすこぶる楽しかった。ソ連を旅する日本人、私のようにヨーロッパに抜ける日本人に加え、オーストラリアのツアー帰りに日本に立ち寄ったヨーロッパの若者たちもいて、デッキの上はさながら国際交流の場だった。

困ったのは英語で、とりわけ聞き取りがまったくできなかった。大学で英語の教員免許を取ったなどと言っても、ジョークにしか聞こえなかっただろう。

一人旅同士で意気投合したヘルガ（左）と、ヒッチハイクさせてもらった漁師。フィンランドにて（1978年）

実際、東京で1年半働いてお金を貯めたところで、イギリスに戻った。ケンブリッジでしばらく英語の勉強をした。その後、アイルランドをヒッチハイクで回り、再びロンドンの語学学校に行ったりしているうちに、再び、大きな心境の変化が起きた。

あれはリージェントパークだったと思う。夕暮れ時で、私は一人で何気なく小道を通り過ぎる人たちを見ていた。そこへ乳母車を押しながら家路へと帰る、若い女性が通りかかった。夕日に照らされた金色のシルエットは美しく、そして温かそうだった。

そのとき突然、帰る家、待つ家族がいる人が羨ましくなった。二十七歳になっていた私は、すでにやりたいことはずいぶんやってきた。もう私に冒険は似合わない。そう素直に思えた。

先に池田さんの結婚（法的結婚ではないが実質的結婚）について触れたくだりの中に、「イギリスの夕暮れの公園で、乳母車を押した女性を見たときから四年が経っていた」という一節があったことを記憶しているだろうが、それがこのときのことなのだ。

自立した女性として、仕事もバリバリやり、自分で稼いだお金で海外に出てヨーロッパ諸国を歴訪し、英国留学で英語力を身につけるなど、知的独身女性の夢を実現したかに見えるような生活の中で、急に「帰る家、待つ家族がいる人が羨ましく」なってしまったのである。

しかし、そういう生活は、そう簡単には実現しなかった。まず、彼氏と出会って実質的結婚をするまでに4年かかり、さらに長女を出産して、ファミリーができるまでに3年かかった。

まずは、時間的順序を追うと、日本に帰国して、生活を立てるために就職が必要だった。しかし、英国に留学したおかげで、英語力をしっかり身につけた池田さんにとって、それは難しいことではなかった。

日本に帰ると、再び新聞の求人広告を広げて、国際協力団体が求めていた、開発途上国からやってくる研修員の調整役（コーディネーター）の仕事に就いた。日本にやってくる研修員たちは、やってくる国もさまざまなら、研修内容もさまざまだった。無線通信、犯罪防止、税関行政、貿易振興などなど……。あらゆる研修先で起こるさまざまなトラブルに対応するうちに、アッという間に時間がたっていった。これまでの多彩な欧州旅行の経験が役に立ち、仕事も性に合っていたのか、この国際協力団体にかなり長居して、子供を産むまでいた。

きっかけは自分の英語力を試すつもりだったが、出会いが多く、変化に富んだ仕事だったためだろう。勤続年数はあっという間に七年にも及んでいた。私は妊娠八ヵ月の大きなお腹になるまで働き、子供を産むために職場を離れた。

書き忘れていたが、私はこの間、たまたま知り合った人と同居をした。イギリスの夕暮れの公園で、乳母車を押した女性を見たときから四年が経っていた。

この「書き忘れていたが……」の表現に驚く。それは、一種のはにかみなのか。いずれにしても、結婚についての記述はほとんどないが、出産についての記述はたっぷりある。

産婆の学校と子供の自立——出産・子育て

「お産を病院任せにせず、自分たちの手に取り戻そう」と「産婆の学校」という勉強会にも参加した池田さんは、呼吸法で陣痛の波に積極的に乗るラマーズ法の訓練を受けていた。

「ヒッ、ヒッ、フ――。ヒッ、ヒッ、フ――」

そろそろ夜中の十二時を回る時間だった。友人にいつまでもつきあってもらうわけにはいかないだろうと助産院に向かうことにした。

千代田区にある八千代助産院は、車で十五分ぐらいのところにあったが、車で移動したことが陣痛を促進したのか、それからは急ピッチで陣痛が来た。

「ヒッ、ヒッ、ヒッ、ヒッ、ヒヒフ――。ヒヒフ――ッ、ヒ――イイイイ」

トイレに腰掛けて呼吸法をやっていると、喉から吐き出すような大声が自然に出る。温かな羊水。「これは破水だ」と思ったところへ、助産婦さんがかけつけた。

「分娩台に戻って。寝巻きに着替えて。もう頭が出てる」

おばあちゃんの助産婦さんが二人。一人はお湯を沸かす。間に合うだろうか。もう一人が「早く、早く」と私を分娩台に促すが、その途中で陣痛が始まるから動けない。

「ヒ、ヒ、ヒ、ヒ、ヒ、ヒ、フ――」

こんなはずじゃあなかったと思った。陣痛の合間に食べようと、大好きな桃の缶詰とメロンパンも買っておいた。子供が生まれる瞬間は、喜多郎の「シルクロード」で迎えようと、カセットも、カメラだって持ち込んでいた。それを部屋まで取りに行っている間がない。

助産院に着いて三時間後の午前三時三十四分、二六八〇グラムの小さめの長女が誕生した。生まれたばかりの赤ん坊は、私の心臓の鼓動が聞こえるよう胸の上に置かれたが、見開いた目に憂いの色が宿っていたのはなぜだったか？

お父さんになった私の連れ合いが早速産湯につけた。赤ん坊はサッパリしたのか、用意しておいた産着にくるまってすやすやと眠った。助産婦さんがお菓子を持ってきてくれると、「目は僕に似ていた」と彼はうれしそうに私に話したが、私は自分に似ていなかったことを何よりも神様に感謝した。

あまりにもスムーズなお産で拍子抜けした私に対し、おばあちゃん助産婦さん二人を助け、臍帯（さいたい）切りから産湯づけ、私を病室に運ぶなど、働き続けた彼のほうはぐったりして眠り込んでしまった。助産婦さんは私たち二人を見て「どっちがお産をしたのかわからないね」と笑った。

まさに「案ずるより産むが易し」の言葉どおりのあっけないお産だった。

しかし、自分に赤ん坊が生まれたということが、まだ実感として湧かなかった私は、彼が家に帰ったあと、赤ん坊を抱いて、部屋にあった洗面台の鏡の前に立った。自分の目で確かめたかったからだ。そこには、ぎこちなく赤ん坊を抱いている私がいた。

子供が生まれたことで生活がガラリと変わった。

食事の支度、おむつ洗いなど、彼は育児にもよく関わってくれた。彼は週に数回、講師をするほかは執筆の仕事をしていたので、時間的に束縛されることはあまりなかった。しかし、大人二人と赤ん坊、それに赤ん坊の家具などが増え、毎日、息が詰まりそうだった。

娘の首も据わったころ、ちょうど夏の暑い季節だったため、また彼にも休息が必要だろうと、おじいちゃんとおばあちゃんが待つ田舎に、娘と私は夏の間だけ滞在することにした。

静岡の駅で、孫を乗せた新幹線が到着するのを、母はきっと天にも昇る気持ちで、今か今かと待っていたに違いない。一方の私も、静岡駅のホームで母に迎えてもらったときには、力が抜けるような安堵感があった。親というものはいいものだ。

「親というものはいいものだ」との安堵感とともに、再び大きな心境の変化が訪れた。「両親のいる田舎で少しでも長く子育てをしたい」と思うようになり、それからしばらくの間（数年間）、静岡と東京の間を行き来するようになる。その間、少しは地域の役に立つ仕事もしようと、地域のタウン誌を発行したりした。

そして第2子の出産を経験することになる。

予定日より五日遅れて陣痛が始まった。長女は助産院の「お姉ちゃんお兄ちゃん教室」に出席して、出産の仕組みについても勉強してくれた。だから、お産は家族で楽しく迎えたいと思った。ところが、普通は二回目のほうがお産は楽だというのに、思いもかけず長引いた。そこで助産婦さんが破水させてくれ、それからは一気にお産が進んだ。眠っていた長女も起こされ、分娩台にあわててやってきた。

「ママ（眉間に）しわをつくっちゃあダメ。アタシと一緒に数を数えて。い〜ち、に～い、さ～ん」と、私をリードしてくれた。頼もしかった。

十一時四十八分、赤ちゃんが無事産まれると、娘はお父さんと一緒に赤ちゃんを産湯につけに行き、それから助産婦さんに「胎盤はまだですか？」と尋ねたものだから、助産婦さんは「まあ、この子ったら、職業婦人みたいね」と笑い出した。

長女は、小学校2年のときに仲良しだった友達が父親の海外勤務に伴って渡米してしまうと、1年後の夏休みに、アメリカに遊びに来ないかという誘いを受けたのを幸いに、一人でさっさと渡米していった。

「ほんとうに一人で大丈夫？」

「うんっ！」

こうして夏休みに入ってすぐ、上の娘はバイオリンを背負い、わずかな手荷物を持って、成田空港の出発ゲートで元気に手を振って出かけて行った。

私が静岡でタウン誌やら商店街のＰＲ誌やらを作っていたので、東京と静岡の間を往復することは日常茶飯事であったし、子供も幼稚園の頃から一人で新幹線に乗せていた。だから娘は一人で乗り物に乗って出かけることにも一応慣れていた。英語がわからないことを除けば、私には心配はさほどなかった。

心配していたのは、静岡と東京のおばあちゃんたちだった。私は、「大丈夫だよ。サルも飛行機に乗せればアメリカに行けるから」と言ったのだが、それで安心できたのかどうか……？

こういう親子関係を作っていた。だから長女が高校受験するときも長女まかせであった。長女が受験するのは、彼女が唯一志望した都立高校1校のみ。「不合格の場合は、海外に行って地雷撤去の仕事をはじめる」と長女は決めていた。

子供が地雷撤去に行くかもしれないと、私は一旦は覚悟を決めた。だから、その後娘たち二人が何をしても、私にとっては無事でいてくれることが何よりも有難いと思うようになった。

子育ての最終目標は、子供の自立である。大学生の長女と高校生の次女は、すでに自分で考え、自分の道を進んでいる。もしも何かがあったとき、彼女たちが「帰るところ」を用意することが、私の最後の務めだと思っている。

家族の肖像――別居と介護

その後、池田さんは子供たちの父親と〝離婚〟することになった。もともと結婚していないのだから、離婚というのは正しくないだろうが。

そのあたりのことを池田さんは淡々として、次のように書く。

とうとう彼は△△区、私と子供たちは××区に引っ越してしまった。もともと入籍をしていないので、離婚手続きも必要ない。別居してから彼の仕事は順調で、生活も安定した。皮肉なことだが、私にとってそれは安心材料でもある。

現在は月に一度くらい、無農薬のお米をはじめとする季節のおいしい食べ物を、彼は子供たちのために自転車に乗せて持ってきてくれる。子供たちはもう生意気な大学生と高校生だが、彼のなかではいつまでもかわいい子供として存在しているらしい。

彼と一緒に住んだことが間違いだったとは思わない。おそらく、彼以外に私の連れ合いはいなかったと思うし、子供たちの父親や母親として、私たちは短い間だったが、それなりのことをしたと思う。別居したことについても、もう一度同じ状況があったとしても、私は同じ結論を出すと思う。

愁嘆場も何もない。淡々とした別れである。雨宮さんのケースのような、激しい男と女の情のぶつかり合いの場面を読んだあとで、このような別れの場面を読むと、男と女の出会いの場面も別れの場面も、人の数だけさまざまなパターンがあると思わせられる。

連れ合いは料理、洗濯、子供の相手、ごみ出しと、何でもやった。下町にはそういうリベラルな男は少なかったから、近所のお婆さんたちにすこぶる評判が良く、甲斐甲斐しく働く彼を見て、「あんたは幸せ者だよ」と、私に勝手な烙印を押すのだった。

しかし、その小さな家で、彼は日がな本を読み原稿を書く。部屋の壁は床から天井まで彼の本で埋まっていた。社会とも断絶したような空間。さまざまな不満を口にすることもなく、理解する努力もせず、胸の中にはさまざまな思いが渦巻いていた。

子供たちが成長したら、私はこの人とは一緒にいないだろう、という確信はあった。ただし、私たちの生活が、とりたてて特別な状況というわけではなかった。所詮、夫婦なんてそんなものだろうし、一緒に生活していれば、そのうちまた、お互いを必要とすることがあるかもしれなかった。

その後いちばん大変なことになったのは、先ほど少しだけ述べた、年老いた（静岡の）母の介護だった。かかりつけの医者が母が認知症になってしまったことを告げてきたのだ。

すぐに電話を入れて概略を聞いたあと、週末になるのを待って静岡に向かった。医者は、私の目の前で母にいくつか質問をした。簡単な問題にもかかわらず、答えに窮している母を見て、私は啞然とした。

「ともかくお母さんは一人では住めません。一度、一緒に住んでみてください」と医者に言われた。その足で、念のため老人向けの自立支援施設を見にも行ってみた。きれいな施設だったが、母は「こんなところに入居するくらいなら死んだほうがましだわ」と泣き出した。

東京に母を迎えることにし、私も子供たちも認知症についてにわか勉強をした。

頭のなかではどのように対処すべきかを理解していたが、現実はそんなに甘いものではなかった。

認知症の人をケアするときは、信じがたいことが次から次に起きてくる。

娘たちと私は、母がおかしなことを言っても、それには逆らわず、母が「黒」だと言えば、たとえ「白」でも「黒」と言うことにした。しかし、そうやっているうち、私たちの頭のなかまで、何が正しいのかわからなくなってくる……。

母は、私たちがいない昼間、「貯金通帳がなくなった」といっては警察署に届けを出してしまう。毎日、同じものを買ってくる。野菜をすべて冷凍庫に入れてしまう。「○○さんにお金を貸した」と言うのだが、その人は静岡の人だし、実際に誰かにお金を渡したのか、あるいは母の思い違いなのかも確かめようがなかった。

私たちにとって、我が家が、安心できる場所ではなくなってしまった。家族の顔から笑顔が消え、そのことは母にも悪影響を及ぼさざるをえなかった。上の娘は、大学受験の年でもあった。

母はそれから一年半、危ういながらも多くの人に支えてもらい、介護保険いっぱいのサービスを利用し、静岡の家でなんとか一人で生活したが、十五年前に死んだ父、三十年前に死んだ祖母を常に探すようになり、いよいよグループホーム入居を決めた。

現在、月に一度、私は母に会いに行く。東京のグループホーム、家の近所のグループホームなどさまざまな施設を見学したなかで、母に一番合いそうな、芝生の庭が広く、犬も飼ってくれ、毎晩ビールを飲むこともできるところを探し当てた。さらに幸運なことは、そこで友だちができたことである。「あら、あなたも大正十三年生まれなの？　偶然ねえ、私もよ」と、同じ人と同じ台詞を何回も繰り返し、互いに偶然を喜び合っている。

このような気が合う友達ができるだけならよいのだが、病状が進行すると、いろいろ不都合な真実も出てくる。

困ったことは、そこがどこなのか、なぜそこにいるのか、母に何度説明しても忘れてしまい、「いつまでも家を空けておくわけにはいかないわ」と、帰り支度を始めてしまうことである。

そういう困難な時間を乗り越えて、いまはこう言えるようになった。

お正月、ゴールデンウイーク、お盆休み、秋のお祭りのときは、私は母と一緒に実家で過ごしている。ようやく私も、そのままの母を受け入れられる心境になってきた。そして母は、私にとって〝一番やっかいだが、かわいい娘〟になりつつある。

[5] 結末の書き方について

このような長い長い波瀾の人生を経た上で、自主退社をようやく1ヵ月後に控えた池田さんは、自分のこれからの人生の可能性を考えて、こんな未来像を心に描いている。

でも、私は今後いったいどうするつもりなのだろう?

やるべきことは、そのうち向こうからやってくる――。経験上、私はそう思っているので楽観的なのだが。

しかし、これからの人生が有限であることを意識する年齢である。その有限の時間を何に使うか？　少なくとも、「死ぬときに、あれをやりたかった」という後悔だけはしたくない。そこで、大小交えて、やりたいことを並べてみよう。

これが、私の〝未来自分史〟である。

五六歳～六〇歳（二〇〇九年から五年間）

☆セカンドステージ大学&専攻科／カウンセリングの勉強

☆人が集まれる場（呑み屋とも喫茶店とも違う）の創設

☆あと一ヵ国語を習得（これまで手がけたのは六ヵ国語）

◇山登り

六一歳～六五歳（二〇一三年から五年間）

☆世界一周の旅／ビル清掃で日本一周の旅

◇絵を描いてみる

六六歳～七〇歳（二〇一八年から五年間）

☆一日一冊の読書
◇ピアノのおけいこ
七一歳〜七五歳（二〇二三年から五年間）
☆孫の子守や社会奉仕
七六歳〜八〇歳（二〇二八年から五年間）
☆同じく、孫の子守や社会奉仕
八一歳〜八五歳（二〇三三年から五年間）
友人を誘って老人たちの共同生活
☆寝たり起きたり　＊延命治療はしないこと
八六歳（二〇三八年）
☆老衰か心臓病にて死亡　＊葬儀は家族のみ、知人には通知のみ

ここまで書いて、結局、何のアイデアもないことが判明した。

しかし、それでもいいではないか。人は、その人の置かれた環境の中で、精一杯生きていくしかないのだから。

「人は、その人の置かれた環境の中で、精一杯生きていくしかない」という、池田さんのエンディングの一言と、さらにそのあとに付け加えた次の一言は、わたしにも、まことにそのとおりと思える。

「いい人生だった」、そう思って死ねればいいのだけれど。
いや、そうならなくても、そのときはもう諦めねばなるまい。

池田さんの「自分史」がこのような終わり方をしているのを幸い、ここで、自分史の終わり方についてコメントしておこう。

これはこれでなかなかいい終わり方をしていると思う。人によっては、もう少し遺言的な要素を付け加えておくとよいと思う。数年前にわたし自身、父も母も亡くしてみてわかったが、墓地とか葬式、あるいは遺産の分配（死後の臓器の扱いを含めて）などについて一般的な慣習あるいは法的原則に従うという人はとくになにもする必要もあるまいが、もしあなたが、必ずしも一般的な慣習に従わず、なんらかのこだわりをもって「こうしたい」「こうされたい」あるいは「こうされたくない」という積極的な望みがあるなら、きちんと書きものにしておいたほうがいい。そういうものがあると、遺された人々が楽なのである。

もう一つ、書き残しておいてしかるべきものがあるとすれば、自分の生きてきた人生について、あるいは自分の生きてきた時代についての所感のようなものということになろうか。歌心ある人なら、辞世の句にしてもよいだろう。所感というと、ちょっともったいぶったいい方になるから、単に「感慨」といってもいいかもしれない。とくに言うべきことがなかったら、「感慨無量なり」の一言でいいかもしれない。

これまで何人かの人が、自分史の「あとがき」において、「あと何年かたったら、また自分の来し方についての思いが変わるにちがいないだろうから、何年かしたら、もう一度自分史を書き直すか、あるいは補遺のようなものを書いてみたい」と記していたが、それはいい考えだと思う。

人間は一生の間、思いが日々に変わる動物だから、「自分史」を一度書いてそれをテキスト上は完結させたとしても、思いがそこでストップするということはない。多分、人はある日、なんらかの思いをはじめて、その思いがなかばにある状態で死んでいくのだろう。

だが、そうだとして、それはそれでいいではないか。

[6]「人生の勝ち負け」を真に決めるもの

池田さんの自分史について、あと一つだけ述べておくと、彼女は人生について独特の考えをもっている。それは「勝ち組」より「負け組」のほうが、実は幸せなのではないかという考えである。彼女自身の文章を引用すると、こうだ。

最近になって周囲の友人を見渡して気づいたのは、いわゆる〝負け組〟と言われる人たちの中に、本当の意味で生活を充実させている人たちがいたことだ。彼らこそ一番の〝勝ち組〟だったのではないだろうか。彼らはとっくに勤めを辞めて、自分のやりたいことに没頭している。生活は豊かではないが、その表情を見れば心が満たされているだろうことは想像に難くない。

人の一生を一日に喩えるなら、私は現在、人生のピークである午後〇時はすでに過ぎ、午後三時ぐらいにいるだろう。

このまま働き続けようか、あるいはここらでひと息入れようか？　夕暮れ時までは、まだ間がありそうだ。

わたしも実は最近、彼女に近い感想をもっている。

わたしは社会的にはいわゆる勝ち組に属する人々をたくさん知っている。しかし、そういう人々が幸せそうかといえば、必ずしもそうとはいえない。仕事に追われ、時間に追われ、心理的に休む間もなく働いている。

わたしは基本的に、人間なにが幸せかといえば、「やりたいことを、やりたいように、やる」という一点に尽きると思っているが、勝ち組上位者になればなるほど、そういう生活とは遠いところにいるようだ。勝ち組であり続けたいと思えば、いつでもトップ集団から置いてきぼりにならないように努めなければならない。

しかし、無限のエネルギーがあれば別だが、終わりがあるマラソンとちがって終わりがない「人生」というランニングの場合、常にトップ集団の中にいい続けるなんてことはできない相談である。とするなら、永遠のトップ集団内自己維持願望をどこかで捨てて、あとは好き勝手に脱線することを楽しむ人生に切り替えるべきだろう。

だいたい、いわゆる「勝ち組」「負け組」という分類法は間違いである。「社会的成功ゲームの勝ち組・負け組」と「人生の勝ち組・負け組」は一致しないどころか、実はしばしば相反する。だから、勝ち組、負け組について語ろうとするなら、まずそれがいかなるゲームにおける勝ち組、負け組なのかを定義してから語るべきである。

そして同時に、そのとき、人生で行われるゲームは同時並行で無数にあり、誰でも、一つのゲームで負けても、別のゲームで勝てるチャンスが常にあり、事実多くの人がそうしていることを認識すべきだろう。であれば、そのルールの、そのゲームなら負けることが必至というゲームはいち早く捨てて、別の勝てそうなゲームに移行するのが人生ゲームにおける正しい戦略というものだろう。もう一つの正しい戦略は、勝ち負けでことが決まると思う人たちの人生ゲームからいち早く脱して、勝ち負けにわれ関せず、と思う人たちの側に身を移してしまうことだろう。

ー企画⇒日本旅行社員とのネットワークはその後も継続
●先輩諸氏
鈴木　　●英国銀行から融資を受けるため 学校の運営事業計画書を作成
ら付き合いが継続）　◇毎日新聞の同僚記者　◇共同通信や各新聞社の記者
後ろ盾　●週刊将棋発行の全面協力を得る　●実力名人以降の将棋界の取材 田元名人の聞き手役を務める
ラシックのコラボを企画　●楽団将棋連盟会長など
ータ将棋協会のメンバーとの出会い

毎日ウィークリー友の会発足⇒ウィークリー班学生スタッフ　●英国、米国語学研修ツア

発刊・全国教科書ルート開拓

◇毎日新聞の先輩：

受入アルバイト

◇英語学校校長：マック

◇記者クラブ仲間（現在

●週刊将棋創刊の根回し、
盟会長）
●テレビ解説で憧れの升
ル）　◇日本将棋連盟役員

〈駒音コンサート企画〉
●山本直純氏：将棋とク

ステム会社等との合同企画　●PCソフト「森田将棋」「東大将棋」の開発販売⇒コンピュ

PC雑誌「THE123MAGAZINE」を発行
にカルチャーショックを受ける

入　●広報部長として全国大学の就職部を回る

筆〉
家のFP読本（日本FP協会）
退職後の生活&資産設計の描き方（すばる舎）
になって独立・開業　わずか2年で年収1千万円を稼ぐ!（すばる舎）
家のマネープラン入門　ポートフォリオ運用でお金をそだてる（ローカス・共著）

〈具体的な実践活動など〉

●関東学生ESSディベート大会企画実行（早稲田、慶應大学等のESSとの交流） ●

●毎日教育新聞（企画没）、週刊囲碁・将棋新聞企画（企画没） ●毎日小中学生年鑑

ームの準備室の両方に机があった

●プリンストンカレッジで英国教育制度の研究 ●留学中、毎コミの語学研修生の
●5～7月南米（ペルーからメキシコまで）ヒッピー旅行

●記者クラブで各社の記者と交流 ●浜松商取材の折、静岡駅前ガス爆発事故
●F高校ブラスバンド日中交流の同行取材 ●県議選、参議院選挙等の取材

〈日本将棋連盟〉
◇加藤治郎名誉九段（早稲田大学将棋部の大先輩） ◇大山康晴15世名人（当時の連
◇木村義雄14世名人（初の実力名人） ◇升田幸三元名人（大山名人の宿命のライバ

〈企画・事業立案〉
●週刊ブックス発行⇒実用書の発行へ ●写真でつづる将棋昭和史企画

●ファミコン将棋ネット対局システム（⇒囲碁・将棋・麻雀のネット対戦へ） ●シ

●Mac関連書籍の発行:理系学生らとPC書籍を発行 ●公認会計士らとコラボ企画で
●米国PCフェア、MACワールド取材でアラン・ケイ、スティーブ・ジョブズの発想

●DTPシステムを構築⇒就職情報誌の編集作業の効率化を図る

●汎用コンピュータ⇒PCへのダウンサイジングを実践 ●新しい配送システムの導

●将棋・囲碁・麻雀のネット対戦システムを構築

●新退職金の制度を導入

〈団塊の世代・講座〉
●「備えあれば」読売新聞夕刊連載
●「ノジュール」50代からの自分ライフ（JTBパブリッシング）
●日経マスターズ〈ゆとりの「老後生活」設計〉（日経BP）
●いきいき50から（毎日新聞連載）など

〈書籍執
●わが
●定年
●「FP」
●わが

〈柳沼正秀さんの人間関係クラスターマップ②〉

〈仕事での出会い〉

1973.4 〜1978.7	〈毎日新聞社〉	〈毎日ウィークリー〉 ◇江口英文毎日局長
1977.4 〜1978.7	●英文毎日局 毎日ウィークリー ◇上司、先輩、同僚	〈教育開発準備室〉 ◇室長 ⇒当時は、英文毎日とプロジェクトチ
1978.7 〜1979.7		〈英国留学〉 ●プリンストンカレッジ　●YMCA
1979.1 〜1983.6	●県警クラブ ●市政クラブ ●県政クラブ	〈静岡支局〉 ◇支局長　◇各デスク
1983.7 〜1985	〈毎日コミュニケーションズ〉 ●週刊将棋部次長 ●週刊将棋編集長 〈主な毎コミメンバー〉 ◇役員、先輩、同僚	〈週刊将棋・企画創刊〉 ◇常務 ◇創刊時メンバー ◇週刊将棋スタッフ ・奨励会からスタッフへ
1987 〜1990	●出版部部長	〈PC月刊誌・企画創刊〉
1991 〜1992	●編集システム室長	〈編集システムプロジェクト〉
1993 〜1994	●就業情報広報業務部長	〈就職情報・業務・広報部〉
1995 〜1996	●編集部長	〈ゲーム雑誌・企画創刊〉
1997 〜1998	●総務部長	〈総務部〉
	〈FP時代〉 日本FP協会　同協会東京支部 ・調査広報委員　・副支部長 ・倫理委員　・フォーラム委員長	〈日本FP協会〉 ◇FP協会関係メンバー 〈日本FP協会東京支部〉 ◇東京支部FPメンバー

〈小学（大砂土東小）5年～中学（大砂土中）3年時代〉
●友人　●友人　●友人

）　●友人（同好会）　●友人（その他）
イト）　●友人（その他）　●友人（その他）

画でもこの人脈は大きな威力を発揮した
大生、中大生、埼玉大生、慶大生、成蹊大生、そのほか総勢約20人

◆事業実現のための企画立案術
◆仕事、人生の生き方での影響大
◆社会の見方、捉え方
◆仕事との向き合い方、実務
将棋）　◆週刊将棋立案時の後ろ盾
将棋）　◆交渉術、人間の生き方、考え方
・フェロー）　◆事業ビジョンづくりと先見性
代）　◆日本人のグローバルな生き方
◆PC月刊誌創刊のパートナー
◆FPになるきっかけづくり
◆具体的なFPビジネスモデル

〈初恋・病気・ケガなど〉
○初恋（小学生）
○貧血で1年間病院通い（高校生）

〈学生時代の出会い〉

〈幼少～小学校低学年時代〉
●友人　●友人　●友人

〈高校生（春日部高）時代〉
●友人　●友人　●友人

〈大学（早稲田大）時代〉
●友人（クラス）　●友人（クラス
●友人（クラス）　●友人（アルバ

〈アルバイト仲間（毎日学生OB会）〉（現在も年に1回程度の会合）
●学生時代生き方で一番影響を受けたのがこの学生会だった⇒その後の事業企
◇東大生、早大生、獨大生、学習院生、理科大生、東洋大生、横国大生、電機

◇明学大生などの女子大生

〈師弟関係（生き方に影響を与えた人)〉
●学生時代
①小学校の先生:中山、草壁、遠藤、金子先生
②中学校の先生:石岡、八代、鷲山先生
③高校の先生:松下先生、佐々木先生
④大学の教授:高橋教授、朝倉教授

●社会人時代
◇中村博彦（英文毎日）
◇江口末人（英文毎日局長）
◇安田睦男（毎日デスク）
◇先輩社員
◇加藤治郎名誉九段（週刊
◇大山康晴15世名人（週刊
◇アラン・ケイ（アップル
◇マック鈴木（英国留学時
◇公認会計士
◇FPの先駆者
◇FPの先駆者

〈懐かしいもの・ペットなど〉
○キューピー（愛犬）
○鳩

〈柳沼正秀さんの人間関係クラスターマップ①〉

〈両親〉
父：正六　母：とき

〈叔父・叔母〉

〈兄弟〉
弟：　　妹：

〈甥・姪〉
甥：　　姪：

自分（正秀）

〈家族〉
妻：　　長女：

本書の原本『自分史の書き方』は、小社より二〇一三年に刊行されました。

立花　隆（たちばな　たかし）

1940年生まれ。東京大学文学部仏文学科卒業。1967年，東京大学文学部哲学科に学士入学。その後ジャーナリストとして活躍。1974年『文藝春秋』誌に「田中角栄研究　その金脈と人脈」を発表。1979年『日本共産党の研究』で第1回講談社ノンフィクション賞受賞。主な著書に『中核 VS 革マル』『宇宙からの帰還』『「知」のソフトウェア』『サル学の現在』『天皇と東大』など多数。

定価はカバーに表示してあります。

自分史の書き方

立花　隆

2020年1月10日　第1刷発行

発行者　渡瀬昌彦
発行所　株式会社講談社
東京都文京区音羽 2-12-21 〒112-8001
電話　編集（03）5395-3512
販売（03）5395-4415
業務（03）5395-3615
装　幀　森　裕昌
印　刷　豊国印刷株式会社
製　本　株式会社国宝社
本文データ制作　朝日メディアインターナショナル株式会社

ISBN978-4-06-518533-9

「講談社学術文庫」の刊行に当たって

これは、学術をポケットに入れることをモットーとして生まれた文庫である。学術は少年の心を養い、成年の心を満たす。その学術がポケットにはいる形で、万人のものになることは、生涯教育をうたう現代の理想である。

こうした考え方は、学術を巨大な城のように見る世間の常識に反するかもしれない。また、一部の人たちからは、学術の権威をおとすものと非難されるかもしれない。しかし、それはいずれも学術の新しい在り方を解しないものといわざるをえない。

学術は、まず魔術への挑戦から始まった。やがて、いわゆる常識をつぎつぎに改めていった。学術の権威は、幾百年、幾千年にわたる、苦しい戦いの成果である。こうしてきずきあげられた城が、一見して近づきがたいものにうつるのは、そのためである。しかし、学術の権威を、その形の上だけで判断してはならない。その生成のあとをかえりみれば、その根は常に人々の生活の中にあった。学術が大きな力たりうるのはそのためであって、生活をはなれた学術は、どこにもない。

開かれた社会といわれる現代にとって、これはまったく自明である。生活と学術との間に、もし距離があるとすれば、何をおいてもこれを埋めねばならない。もしこの距離が形の上の迷信からきているとすれば、その迷信をうち破らねばならぬ。

学術文庫は、内外の迷信を打破し、学術のために新しい天地をひらく意図をもって生まれた。文庫という小さい形と、学術という壮大な城とが、完全に両立するためには、なおいくらかの時を必要とするであろう。しかし、学術をポケットにした社会が、人間の生活にとってより豊かな社会であることは、たしかである。そうした社会の実現のために、文庫の世界に新しいジャンルを加えることができれば幸いである。

一九七六年六月

野間省一

人生・教育

アメリカ教育使節団報告書
村井 実全訳・解説

戦後日本に民主主義を導入した決定的文献。臣民教育を否定し、戦後の我が国の民主主義教育を創出した不朽の原典。本書は、「戦後」を考え、今日の教育問題を考える際の第一級の現代史資料である。

253

森鷗外の『智恵袋』
小堀桂一郎訳・解説

文豪鷗外の著わした人生智にあふれる箴言集。世間へ船出する若者の心得、逆境での身の処し方、朋友・異性との交際法など、人生百般の実践的な教訓を満載。鷗外研究の第一人者による格調高い口語訳付き。

523

西国立志編（さいごくりっしへん）
サミュエル・スマイルズ著／中村正直訳（解説・渡部昇一）

原著『自助論』は、世界十数ヵ国語に訳されたベストセラーの書。「天は自ら助くる者を助く」という精神を思想的根幹とした、三百余人の成功立志談。福沢諭吉の『学問のすゝめ』と並ぶ明治の二大啓蒙書の一つ。

527

自警録（じけいろく） 心のもちかた
新渡戸稲造（にとべいなぞう）著（解説・佐藤全弘）

日本を代表する教育者であり国際人であった新渡戸稲造が、若い読者に人生の要諦を語りかける。人生の妙味はどこにあるか、広く世を渡る心がけは何か、全力主義は正しいのかなど、処世の指針を与える。

567

養生訓（ようじょうくん） 全現代語訳
貝原益軒著／伊藤友信訳

大儒益軒は八十三歳でまだ一本も歯が脱けていなかった。その全体験から、庶民のために日常の健康、飲食飲酒色欲洗浴用薬幼育養老鍼灸など、四百七十項に分けて、噛んで含めるように述べた養生の百科である。

577

平生（へいぜい）の心がけ
小泉信三著（解説・阿川弘之）

慶応義塾塾長を務め、「小泉先生」と誰からも敬愛された著者の平明にして力強い人生論。「知識と智慧」など日常の心支度を説いたものを始め、実際有用の助言に富む。一代の碩学が説く味わい深い人生の心得集。

852

《講談社学術文庫　既刊より》

夏目漱石著
漱石人生論集

夏目漱石の屈指の読み手、作家の出久根達郎氏が随筆、評論、講演、書簡から編んだ、今も新鮮な漱石の「生き方のエッセンス」。人生を凝視し、人生の意義を見いだすべく苦闘した文豪の知恵と信念とに満ちた一冊。

2327

勝　小吉著／勝部真長編
夢酔独言

「おれほどの馬鹿な者は世の中にもあんまり有るまい」「馬鹿者のいましめにするがいゝぜ」。坂口安吾も激賞した、勝海舟の父が語る放埒一途の自伝。幕末の江戸の裏社会を描く真率な文体が時を超えて心に迫る！

2330

小林一三著（解説・鹿島　茂）
逸翁自叙伝　阪急創業者・小林一三の回想

電鉄事業に将来を見た男はどんな手を打ったか。沿線の土地買収、郊外宅地の開発分譲、少女歌劇……。誰も考えつかなかった生活様式を生み出した、大正・昭和を代表する希代のアイデア経営者が語る自伝の傑作。

2361

柳田國男著（解説・佐谷眞木人）
故郷七十年

齢八十をこえて新聞社に回顧談を求められた碩学は言った。「それは単なる郷愁や回顧の物語に終るものでないことをお約束しておきたい」。故郷、親族、官途、そして詩文から民俗学へ。近代日本人の自伝の白眉。

2393

日本人論・日本文化論

自死の日本史
モーリス・パンゲ著／竹内信夫訳
意志的に選び取られた死＝自死。古代人の殉死、武士道精神、近松、西鶴の愛欲と心中、いじめ自殺……その根底にあるものは何か？　古代から現代まで連綿と脈打つ日本精神を、西欧最高の知性が論理と慈愛で描く。
2054

百代の過客（はくたい）　日記にみる日本人
ドナルド・キーン著／金関寿夫訳
日本人にとって日記とはなにか？　八十編におよぶ日記文学作品の精緻な読解を通し、千年におよぶ日本人像を活写。日本文学の系譜が日記文学にあることを看破し、その独自性と豊かさを探究した不朽の名著！
2078

百代の過客〈続〉　日記に見る日本人
ドナルド・キーン著／金関寿夫訳
西洋との鮮烈な邂逅で幕を開けた日本の近代。諭吉、鷗外、漱石、子規、啄木、蘆花、荷風――。幕末・明治に有名無名の人々が遺した三十二篇の日記に描かれる近代日本の光と陰。日記にみる日本人論・近代篇。
2106

日本人の「戦争」　古典と死生の間で
河原　宏著（解説・堀切和雅）
正成、信長、二・二六、そして「あの戦争」。日本人にとって戦争とは何だったのか。「戦中派」思想史家は同年代の死者たちの中断された問いに答えるため死者と対話し古典と対話する。痛恨の論考。鎮魂の賦。
2134

しぐさの日本文化
多田道太郎著
しぐさは個人の心理の内奥をのぞかせるものであると同時に、社会に共有され、伝承される文化でもある。あいづち・しゃがむといった日本人の日常のしぐさの文化的な意味をさぐる。加藤典洋との解説対談も収録。
2219

新装版日本風景論
志賀重昂著
本書は日本地理学の嚆矢の書にして、明治の大ベストセラーである。科学的・実証的な論述、古典の豊富な引用、名手による挿絵を豊富に収録。日本人の景観意識に大変革を与えた記念碑的作品はいまなお新しい。
2222